Lisz Hirn

DER
ÜBER
SCHÄTZTE
MENSCH

Anthropologie der Verletzlichkeit

Paul Zsolnay Verlag

Mit freundlicher Unterstützung der Kulturabteilung
der Stadt Wien, Literatur und Wissenschaft

2. Auflage 2023

ISBN 978-3-552-07343-2
© 2023 Paul Zsolnay Verlag Ges.m.b.H., Wien
Satz: Nele Steinborn, Wien
Autorinnenfoto: © Inge Prader
Umschlag: Anzinger und Rasp, München
Motiv: © Georgiana Paraschiv/www.georgianaparaschiv.com
Druck und Bindung: CPI books GmbH, Leck
Printed in Germany

Viel hat von Morgen an,
Seit ein Gespräch wir sind und hören voneinander,
Erfahren der Mensch; bald sind wir aber Gesang.

Friedrich Hölderlin, »Friedensfeier«

INHALT

Prolog 9

Kapitel 1
ESSEN 13

Kapitel 2
STERBEN 31

Kapitel 3
WERDEN 59

Kapitel 4
HANDELN 87

Epilog 107

Danksagung 113
Anmerkungen 115
Literaturverzeichnis 122

PROLOG

> Der Mensch besteht aus Knochen, Fleisch,
> Blut, Speichel, Zellen und Eitelkeit.
> *Kurt Tucholsky,* »Schnipsel«

»Der Mensch«, was für ein Wort! Man könnte glauben, er gefällt sich in dem Bewusstsein, dass jede Krise eine einmalige Chance, eine historische Gelegenheit für ihn sein könnte, wenn er sie ergreifen würde. Im Angesicht einer apokalyptischen Zukunft träumt dieser Mensch, dass man einst von seiner Generation sprechen wird. Ans Äußerste gedrängt, wäre ihr schließlich gar nichts anderes übrig geblieben, als die Welt zu verändern, sie zu einem anderen Ort zu machen. Oder sich zum Zweck des Überlebens in die Abhängigkeit von technologischen Gerätschaften und künstlicher Intelligenz zu begeben, deren wesentlichster Beitrag einst war, sie aus der Rolle simpler »menschlicher Tiere«[1] zu befreien. Dieser Betrug wird seit Beginn des abendländischen Geisteslebens durch die einflussreichsten Positionen der Philosophie aufrechterhalten. Die Abgrenzung zwischen »Tier« und »Mensch« stellt eine ihrer wichtigsten Aufgaben dar. Während sich die Religion mithilfe eines metaphysischen Sprungs auf eine göttliche Erwähltheit der menschlichen Spezies stützen konnte, nahm die Philosophie eine exklusive Vernunftbegabung an, um die außerordentliche Stellung des Menschen nicht nur auf der Erde, sondern sogar im Kosmos zu legitimieren. Vielfach wurde das Menschliche anhand von Differenzierungen bis hin zu Defiziten beschrieben. Man stellte schlicht und einfach fest, was »nichtmenschlich« ist. »Was kann ich wissen? Was soll ich tun? Was darf ich hoffen?« Gewaltiger als Kants Versuch, den Menschen anhand von drei Fragen zu skizzieren und seine Weltoffenheit in der Frage »Was ist der Mensch?« anklingen zu lassen, ist die Übereinkunft, dass der Mensch kein »Tier« ist. Zumindest keines im klassischen Sinne, das sich eindeutig in der zoologischen Nomenklatur und im Rahmen der Nahrungskette einordnen ließe.

Als unspezifischer Gegenbegriff zum Menschen geistert »das Tier« in einem verallgemeinerten Singular durch die Philosophiegeschichte. Als ein Wesen, das näher dem pflanzlichen als dem menschlichen Leben steht. Begründet wird das erstmals bei Aristoteles, der das niedrigere Seelenvermögen als Fundament für das nächsthöhere bestimmte. Pflanzen existieren um der Tiere willen; Pflanzen und Tiere existieren um des Menschen willen. Das Anorganische ist schließlich um des Organischen willen da.[2] Seine durch »Seelenstufen aufgebaute Hierarchie der Naturreiche« prägt bis heute unseren Alltagsverstand und die aktuellen tierphilosophischen Diskurse.[3] Von diesem Punkt an wird eine unüberwindbare phänomenologische Kluft zwischen dem bloßen »Dasein« des Tiers und der »Existenz« des Menschen behauptet. Die Manier, von dem »Tier« im Singular zu sprechen, ist laut Jacques Derrida »eine der größten – und systematischsten – Dummheiten derer, die sich Menschen nennen«.[4]

Eine weitere wäre wohl der Großteil politischer Diskurse zu Tierrechten und -haltung, die selten der Vielfalt tierischen Lebens auch nur annähernd gerecht werden können. Vielmehr werden sie gewohnt parteilich geführt. Es ist wenig verwunderlich, dass sich viele Tierethiker von Tierfreunden distanzieren, die aus Tierliebe zu handeln meinen. Denn diese Tierfreunde unterscheiden klar zwischen »beliebten«, sprich den kuscheligen Haustieren, Nutztieren und »unbeliebten« Tieren wie zum Beispiel Spinnen, Ratten und Tauben, über deren Existenz jederzeit verfügt werden kann, wie es Geschmack und Nutzen gebieten. Wobei leicht überprüfbar ist, »wie sehr unsere Vorstellungen von ›Tieren‹ – gerade in unserer mediendominierten Gesellschaft – von Bildern sowie gesellschaftlich und kulturell vermittelten Auffassungen abhängig sind«.[5]

Und Gott segnete die Menschen und sprach zu ihnen: »Seid fruchtbar und mehret euch und füllet die Erde und machet sie euch untertan und herrschet über die Fische im Meer und über die Vögel unter dem Himmel und über das Vieh und über alles Getier, das auf Erden kriecht.«[6] Diese biblische Segnung und gleichzeitige Erklärung des Menschen zum Herrscher der Erde bedeutet vor allem eines für ihn: nicht mehr essbar zu sein. Die Krone der Schöpfung steht nicht nur am Ende der »Scala Naturae« des Aristoteles, sondern auch am Ende der Nahrungskette. »Ecce homo!« Der Mensch als das Tier, das nicht von anderen Tieren gegessen wird. Dieser Bruch mit der eigenen Fleischlichkeit macht unseren etablierten Mensch-Tier-Dualismus in all seiner Radikalität erst möglich.

Doch wenn weder die Spezies »Tier« existiert, noch sich eine menschliche Universalie fassen lässt, die den Menschen als das vollkommen Andere des Tieres ausweist: Was ist dann dieses Unwesen zwischen Tier und Übermensch, das die Verletzlichkeit des Ersteren teilt, dem aber die Bestimmung des Zweiten zugemutet wird? Bisher wurde mit der Substantialisierung des Begriffs »Mensch« das animalische Leben im Inneren des Menschen abgetrennt. »Nur (...) weil Distanz und Nähe zum Tier im Innersten und Unmittelbarsten ermessen und erkannt worden sind, ist es möglich, den Menschen den anderen Lebewesen entgegenzusetzen und zugleich die komplexe – und nicht immer erbauliche – Ökonomie der Beziehungen zwischen Menschen und Tieren zu organisieren. Aber wenn das zutrifft, wenn die Zäsur zwischen Mensch und Tier in erster Linie das Innere des Menschen durchzieht, dann muss die Frage nach dem Menschen – und dem ›Humanismus‹ – als solche neu gestellt werden.«[7] Klingt hier nicht auch Nietzsches »Zarathustra« an? »Bleibt mir der Erde treu«, predigt Zarathustra seinen Jüngern. Diese Erde ist der Ort des Fleisches, der Verletzlichkeit und der Verwesung.

Gerade wir, die wir durch die uns drohende Vernichtung Fragliche geworden sind, erleben diese Kluft zwischen Fleisch und Geist, bedürfen einer neuen Anthropologie, die sich nicht jenseits, sondern in unserer Verletzlichkeit verortet. Einer Fleischlichkeit, die wir bisher überschätzten, aber nicht ernst genug genommen haben. »In unserer Kultur ist der Mensch immer als Trennung und Vereinigung eines Körpers und einer Seele gedacht worden, eines Lebewesens und eines lógos, eines natürlichen (oder tierischen) und eines über-natürlichen, sozialen oder göttlichen Elements.«[8] Den Menschen stattdessen als Ergebnis der Entkoppelung dieser zwei Elemente zu denken macht es möglich, das Praktische und Politische der Trennung zwischen Tier und Mensch, Fleisch und Fleischwerdung zu erforschen. Ich möchte dort zu suchen beginnen, wo es unsere Eitelkeit am meisten schmerzt: entlang der Nahrungskette.

Kapitel 1

ESSEN

> Der Mensch? Der ist eine lebendige Figur aus Fleisch.
> *Vierjährige Philosophieschülerin*

Im beinahe vergessenen Science-Fiction-Film »Soylent Green« aus dem Jahr 1973 spielt Charlton Heston einen New Yorker Polizisten namens Robert Thorn, der einem ungeheuerlichen Geheimnis auf die Spur kommt. 2022 mangelt es an allem, aber vor allem am Lebensnotwendigen: Wasser, Nahrung und Wohnraum. Lediglich einige Politiker und reiche Bürger können sich noch sauberes Wasser und natürliche Lebensmittel leisten. Inmitten dieses Chaos fristen der Polizist Robert Thorn und sein älterer Mitbewohner Sol Roth ihr Dasein. Viele kennen die Welt mit Tieren und richtiger Nahrung kaum mehr, Roth kann noch von ihr erzählen. Nun kontrolliert ein Unternehmen die Lebensmittelversorgung und vertreibt künstlich hergestellte Nahrungsmittel. Das neueste Produkt ist »Soylent Green«, ein Konzentrat in Form grüner Täfelchen, deren Bestandteile keiner genau kennt. Im Laufe seiner Ermittlungen kommt Heston alias Thorn dem Geheimnis von Soylent Green auf die Spur. Sol erfährt es schon davor und will daraufhin nicht mehr weiterleben. In einer öffentlichen »Euthanasieklinik« lässt er sich einschläfern. Als Thorn Sols Nachricht findet, eilt er in die Tötungsanstalt, wo er noch kurz mit dem Sterbenden sprechen kann. Sol erzählt ihm alles und bittet ihn, die

Beweise ans Licht zu bringen. Daraufhin folgt Thorn dem Leichentransporter: Er fährt in die Fabrik von Soylent Green. Dort werden die Leichen zu grünen Crackern verarbeitet. Während seiner Entdeckung wird Thorn angeschossen. »Soylent Green is people!« »Soylent Green ist Menschenfleisch!«

Eine der ersten Öko-Dystopien der Geschichte lässt sich gleichzeitig auch als Metapher lesen. Die Menschen, gefangen im endlosen Verbrauchen und Gebrauchen, verzehren sich schließlich gegenseitig. Was löst mehr Angstvorstellungen aus als der bloße Gedanke an menschliche Kadaver, die von unseresgleichen verzehrt werden? Seit jeher lösen anthropophagische Geschichten Grauen aus. »Im nachrömischen Europa wurde Kannibalismus als derart schlimmes Verbrechen erachtet, daß nur Werwölfe, Hexen, Vampire und Juden seiner für fähig gehalten wurden.«[1] Oder fremde Völker, die man ohnehin nur aus exotischen Schauergeschichten kannte. Berichte von »Menschenfresserei« aus Afrika und aus der »Neuen Welt«, Erzählungen von blutsaugenden Untoten, von hässlichen, kinderfressenden Hexen wie die in »Hänsel und Gretel«, sowie haufenweise Filme und Serien über Zombies, die mit Vorliebe die Hirne ihrer lebenden Opfer verspeisen. Menschen, die von anderen Menschen gegessen werden – das eigentlich Unvorstellbare ist das absolut Böse.

»Ich rieche, rieche Menschenfleisch!« Dieses Zitat stammt vom Teufel höchstpersönlich. Der Erzählung nach entkommt es ihm, als er nach Hause zurückkehrt und den jungen Mann wittert, der sich unter seinem Bett versteckt. Im Märchen »Von dem Teufel mit den drei goldenen Haaren« lenkt ihn seine Frau, oft auch als seine Großmutter gezeichnet, mit der Bemerkung ab: »Du hast den Schnupfen, und da steckt dir immer der Geruch von Menschenfleisch in der Nase, wirf mir nicht alles durcheinander, ich habe eben erst gekehrt.« Dank ihrer Intervention bleibt der Jüngling unentdeckt, der schließlich seine Mission, dem Teufel seine drei goldenen Haare zu stehlen, erfolgreich beenden kann. Die Nase hatte den Teufel also nicht getäuscht. Nichts ist so beharrlich und so unumgänglich wie der Geruch. Glücklich, wer die Augen schließen und sich die Ohren zuhalten kann, doch eine unangenehme Körperlichkeit lässt sich nicht ignorieren. Der Geruch des anderen Fleisches drängt sich auf. Dennoch gibt es wohl nur dieses eine Nahrungstabu, das universelle Gültigkeit besitzt und dem sich sogar der Teufel beugen muss.

Jedenfalls widerspricht jegliche Form des Kannibalismus den guten Sitten. Er beleidigt das Anstandsgefühl aller »moralisch und gerecht Denkenden (Erwachsenen) in der Gesellschaft, deshalb ist er rechtswidrig. Auch einen Toten zu verzehren, ob von diesem erwünscht oder nicht, gilt als Störung der Totenruhe. So formuliert es zumindest das Gesetz. Eine Tötung nach einer Einwilligung, möglicherweise sogar mit der Absicht, den Getöteten anschließend zu verspeisen, ist ein strafrechtlich umfangreiches Problemfeld. Das wohl prominenteste Urteil ist im ›Kannibalenmord von Rotenburg‹ ergangen.«[2] Kannibalistische Handlungen stellen den Straftatbestand der Störung der Totenruhe dar. Die Begründung ist simpel: da sie den Menschen auf eine Stufe mit einem Nutztier stellt. Dabei ist nicht ausschlaggebend, in welchem Kontext der Verzehr stattfand. Der Affront liegt darin, die Grenze zwischen Tierischem und Menschlichem auf brutale Weise zu verwischen.

Es ist das Verdienst des Kulturanthropologen Marvin Harris, die bekannten Formen kannibalistischer Praktiken ohne den Anflug von entsetztem Empören erklärt zu haben. So stellt er fest, »daß Menschenfleisch aus den prinzipiell gleichen Gründen seine Eignung zum Verzehr einbüßte wie das Rindfleisch bei den Brahmanen und das Hundefleisch bei den Amerikanern: Die Bilanz zwischen Kosten und Nutzen sprach dagegen.«[3] Eine simple Kosten-Nutzen-Rechnung erschlösse, ob der Wert von Kriegsgefangenen größer wäre, wenn sie lebendig blieben. Auch Harris erschließt den Umgang mit dem Fleisch als zentrale politische Aufgabe. Je ausgeprägter die staatlich organisierte Gesellschaft, desto stärker die Tabuisierung von Menschenfleisch. Dieses sei niemals nur zur Nahrungsgewinnung, sondern zur Steigerung des »materiellen Gewinns aus dem Krieg« verzehrt worden. »Mit Entstehen von Zentralgewalten wurden Kriegsgefangene als Steuerzahler und Landarbeiter wichtiger denn als Fleisch für eine Mahlzeit.«[4]

Kannibalische Praktiken sind ebenso wie Praktiken der Kriegsführung weder eine Pervertierung noch ein Selbstausdruck einer irgendwie determinierten menschlichen »Natur«. Sie sind oft eine Reaktion auf materielle Herausforderungen wie Bevölkerungswachstum und Ressourcenknappheit. Diesem ökonomischen Druck ist jede Gesellschaft ausgesetzt. Die Kosten-Nutzen-Rechnung ist eine entscheidende, sie entscheidet über Leben und Tod. Der Krieg ist nicht nur der Vater aller Dinge, sondern, nach Heraklit, auch der König aller. Die einen macht er zu Göttern, die anderen zu Menschen, die einen zu Sklaven, die anderen zu Freien. Der tiefere Sinn des Zitats beschreibt aber den Kampf um die materielle Absicherung des Lebens, die wesentlich von der Ernährung abhängt. »Weit davon entfernt, das Gegenteil des Lebens zu sein, ergänzte der Tod das Leben nur, ganz so wie Jagd und letzten Endes Krieg sich in einem komplementären System zur Landwirtschaft fügten und so auf der elementarsten Ebene demonstrierten, dass Zerstörung notwendig ist, damit es Produktion geben kann.«[5] Als Resümee ließe sich feststellen, dass beispielsweise die aztekische Religion, im Gegensatz zu anderen Heilsreligionen wie dem Christentum, ihrer Logik bis zum Schluss gefolgt war. Nützlicher für den europäischen Kolonialismus war es allerdings, die »fremden Völker« in die Nähe von wilden Monstern zu rücken, um ihre Unterwerfung und Ausbeutung rechtfertigen zu können. Schließlich darf man mit Ungeheuern brutal und ohne Gewissensbisse umgehen, stehen sie doch nicht einmal auf einer Ebene mit dem Tier. Was aber könnte monströser sein als der Verzehr von Menschenfleisch?

Vertrauen erweckt die Möglichkeit nicht, von einer feindlichen Gruppe verzehrt zu werden. Ein stabiles, politisches System scheint unter solchen Bedingungen nicht realisierbar. Neben dem Faktum, dass Kriegskannibalismus, wie es Kulturanthropologen unter anderem bei den Azteken belegten, sozial destabilisierend wirkt, kommt auch noch hinzu, dass Fleisch ein potenziell gefährliches Nahrungsmittel ist. »Ich glaube, daß diese augenscheinliche Gleichgültigkeit gegenüber dem potentiellen Nährwert der auf friedlichem Weg erlangten Leichname (eine Gleichgültigkeit, die in deutlichem Gegensatz zu der Haltung gegenüber Körpern steht, derer man sich gewaltsam mittels Krieg bemächtigte) zum Teil als Reaktion auf die Unergiebigkeit und die gesundheitsgefährdende Natur solcher Nahrungsquellen zu verstehen ist.«[6]

Zweifellos finden wir die Vorstellung, Menschen zu essen, abstoßend und geradezu unerträglich. Doch warum wir diese unerträglicher finden als die, dass Menschen »zwar als geeignet zur Vernichtung, aber ungeeignet zum Verzehr gelten«[7], diese Frage können wir schwer rational beantworten. Ernährungsphysiologisch bietet jedenfalls nicht tierisches Fleisch das hochwertigste Protein, sondern menschliches. Ein Hinweis, den ich nicht als Aufforderung verstanden wissen will. Es geht vielmehr darum, die Widersprüchlichkeiten einiger unserer Vorstellungen zu zeigen. So können Menschen lernen, »den Geschmack von Menschenfleisch zu schätzen oder zu verabscheuen, ebenso wie sie lernen können, auf Folterung amüsiert oder angewidert zu reagieren«.[8] Menschenleben werden und wurden fast allerorts (rituell) geopfert, aber selten oder nur im übertragenen Sinn verzehrt.

Selbst in der deutschen Sprache zeigt sich der Konnex zwischen leiblichem und verzehrbarem Fleisch deutlich: die Lust am Verzehren und am Verzehrtwerden. Die Fleischeslust spielt auf die Begierde nach einem bestimmten Körper an, gleichzeitig kann es auch die ungezügelte Begierde nach genießbarem Fleisch sein, von menschlicher oder von göttlicher Seite. Abraham wollte aus Gottesfurcht seinen Sohn opfern und wurde in letzter Sekunde zum Einhalt bewogen. Seitdem hat sich Gott gewandelt, von einem blutdürstigen, rachsüchtigen zu einem vergebenden und liebenden Gott, der seinen Sohn für die Erlösung aller anderen Menschen opfert. Diese Episode läutet das Ende der Menschenopfer ein. Von da an und bis heute reichen tierische Alternativen aus, um die Liebe zum Göttlichen zu beweisen. Gewohnt scharfzüngig deklassiert Nietzsche diese hingebungsvolle Leidenschaft als einen »feineren *Parasitismus*, ein Sich-Einnisten in eine fremde Seele, mitunter selbst in ein fremdes Fleisch«.[9]

Eine besondere Form der Anthropophagie ist den meisten bekannt. In der christlichen Eucharistie findet der transzendente Kannibalismus seinen Ausdruck. Der Leib und das Blut Christi werden metaphorisch, nämlich als Brot und Wein, verspeist. Die spirituelle Ernährung steht hier natürlich im Vordergrund und die physiologische im Hintergrund. Doch diese ist nicht die einzige Anthropophagie, die im Westen praktiziert wurde. So wurden angebliche Reliquien zu Heilmitteln verarbeitet und zu sich genommen. Zum einen, um sich die Kraft dieses speziellen Heiligen einzuverleiben, und zum anderen, um für die Ernährung des spirituellen Leibs zu sorgen.

Das Verhältnis zum Fleischlichen hat sich im Laufe verschiedener Epochen gewandelt. Wurde zuerst gejagt, geopfert, geschlachtet, also tierisches Fleisch zu Ernährungszwecken ganz öffentlich getötet, wurde der Umgang damit im Rahmen von gesellschaftlichen Umbrüchen und ökonomischen Prozessen, wie der Arbeitsteilung und neuen Hygienevorstellungen, tabuisiert, und zu etwas gemacht, das hinter den Kulissen des öffentlichen Lebens stattzufinden hatte. Eine unüberschaubare Anzahl an Menschen lebt vom kollektiven »Fleischhunger«, den man zu niedrigen Preisen zu stillen versucht. Was in der Wurst drin ist, will man lieber nicht wissen, sonst vergeht einem der Appetit. Das billigste und minderwertigste Produkt sieht auch am wenigsten nach dem aus, was drin ist. Fast gewinnt man den Eindruck, man möchte verdrängen, dass ein Tier gegessen wird.

Warum aber ist unser »Geschmack« derart schlecht, wenn doch das Fleischessen so »natürlich« für uns ist? Die einen meinen, dass dies dem menschlichen »Instinktmangel« geschuldet sei. Denn im Gegensatz zu Tieren ist unsere Nahrungsauswahl nicht durch den Instinkt gesteuert oder physiologisch limitiert. Der Mensch ist omnivor und muss die Eigenschaften prinzipiell essbarer Objekte selbst festlegen. Zwar ekelt man sich vernünftigerweise vor giftigen oder übelriechenden Substanzen, aber eben weniger konsequent als wir es gerne hätten. Viele unserer Ekelgefühle werden sozial erworben. Das beweisen Kleinkinder, die noch bereit sind, sich alles, was ihnen in die Finger kommt, in den Mund zu stecken. Ein guter Teil unseres Ekels wird uns sozial eingepflanzt: »Man möge zugestehen, dass man die nächsten Dinge, zum Beispiel Essen (...) nicht zum Objekt eines unbefangenen und allgemeinen Nachdenkens macht, sondern, weil dies für herabwürdigend gilt, seinen intellektuellen und künstlerischen Ernst davon abwendet.«[10] Nietzsche punktet hier. Zweifellos ist die geistige Verdauung nur in Ausnahmefällen mit der körperlichen gedacht worden. »Durch den vollkommnen Mangel an Vernunft in der Küche ist die Entwicklung des Menschen am längsten aufgehalten, am schlimmsten beeinträchtigt worden: es steht heute selbst noch wenig besser.«[11]

An dieser Stelle zeigt sich die Verbindung zu unserer aktuellen Situation, deutet sich die politische Brisanz des Fleisches an. Diskussionen über die richtige Haltung haben einen fahlen Beigeschmack. Was bedeutet denn »artgerecht«? Es ist schwer vorstellbar, dass ein Huhn freiwillig geschlachtet werden will oder dass Hühner in dieser Anzahl existieren würden, wenn sie nicht von Menschen für Eier und Fleisch gezüchtet würden. Die Obsession mit fleischlicher Nahrung und vor allem deren Aufrechterhaltung treibt seltsame Blüten. Einerseits erleben wir eine Rückbesinnung auf die tierischen Wurzeln des Menschen, auf seine Tierheit. Wir reihen ihn unter die anderen lebendigen Wesen ein, die nur sehr eingeschränkt verbesserungsfähig sind, und träumen ganz offen von technischen Modifikationen, die uns aus dem Stand der bloßen, vergänglichen Tierheit erheben. Andererseits versuchen wir beispielsweise in den großen monotheistischen Religionen, aber auch in unserem Recht, eine scharfe Differenz zwischen »Mensch« und »Tier« aufrechtzuerhalten. Diese Schizophrenie zeigt sich auch in Heideggers Unterscheidung zwischen dem Dasein und dem Nur-Lebenden. In »Sein und Zeit« rechnet er unter Letzteres vorrangig das tierische Leben. Während dem menschlichen Leben die Idee des Nichtmehrdaseins entgegengestellt wird, kommt für die Nur-Lebenden einzig das schlichte Enden infrage.[12] Das Dasein endet, während das Tier verendet.

Um das eine Fleisch essen zu können und das andere nicht, dazu braucht es einen Sprung in die Abstraktion. Das eine muss aufgewertet werden, um das andere vernichten zu können. Während dem menschlichen Körper und Leib große Aufmerksamkeit gewidmet wird, taucht »das« Tier nur als fleischliches Wesen ohne Leib auf. Und das, obgleich das Fleisch durch den Körper bedingt ist, nicht ohne diesen entsteht, auch wenn es sich meisterlich von ihm trennen lässt, wie wir aus der tierischen Nahrungszubereitung wissen. »Sollte das (ethisch) gute Leben tatsächlich durch ein (ethisch) gutes Essen praktikabel sein – und diese Praxis und Praktikabilität sind von einer Gastrosophie kritisch zu prüfen und theoretisch zu begründen –, müsste eine philosophische Ethik des Wohllebens auch eine Ästhetik des guten Geschmacks (des guten Essens) mit beinhalten.«[13] Der daraus abgeleitete gastrosophische Imperativ, der sowohl ästhetisches, ethisches als auch politisches Konzept verbindet, muss folglich lauten: Habe den Mut, dich deines guten Geschmacks zu bedienen! Das Essen, die Nahrung ist der Schnittpunkt, an dem sich der eigene Geschmack, die Bedürftigkeit als Lebewesen und die Politik der Vollmündigkeit treffen.

»De gustibus non est disputandum.« Ein schwerwiegendes erkenntnistheoretisches Dogma, das die menschliche Sinnlichkeit ausschließlich biologistisch interpretiert und eine Natürlichkeit der »Sinnesorgane« behauptet. Über Geschmack lässt sich nämlich trefflich streiten, was wir auch permanent tun. Egal, ob beim Essen oder bei der Frage nach dem richtigen Lebensstil. Das Geschmacksurteil besteht darin, etwas nicht danach zu beurteilen, ob es mir schmeckt, sondern ob es »gut gemacht« ist und allgemein gefällt. Also nicht nur mir, sondern auch anderen gut schmeckt. »Das griechische Wort«, schreibt Nietzsche, »welches den Weisen bezeichnet, gehört etymologisch zu *sapio* ich schmecke, *sapiens* der Schmeckende, *sysyphos* der Mann des schärfsten Geschmacks; ein scharfes Herausmerken und -erkennen, ein bedeutendes Unterscheiden macht also, nach dem Bewußtsein des Volkes, die eigenthümliche Kunst des Philosophen aus.«[14]

In der Weisheit (*sapientia*) lassen sich deren Ursprünge im Wissen und Schmecken (beides *sapor*) noch erkennen. Das Schmecken ist hier nicht eine bloße Sinneswahrnehmung, sondern ein Erkenntnisvermögen. Schon Nietzsche hat es »als eine kulturell oder individuell erworbene Form der lebenspraktischen (›philosophischen‹) Weisheit«[15] verstanden. Das heißt, die Beurteilung und Erkenntnis der Dinge fordert die mündige (sic!) Stellungnahme des Einzelnen, die jedoch mehr oder weniger kenntnisreich ausfallen kann. Der Sapiens, der Schmeckende/Weise, stellt Nietzsche fest, schmeckt – nicht nur im übertragenen Sinne – quasi die bedeutsamen Unterschiede heraus; er ist ein Mensch des »schärfsten Geschmacks«. Wo dieser Geschmack fehlt, kann auf Vormünder zurückgegriffen werden. Denn zu viel »schlechter« Geschmack kann tatsächlich zu einer Gefahr für das Kollektiv werden. Die Diskussionen zum übermäßigen Fleischkonsum im Angesicht der Klimakrise unterstreichen das. Zwar kann ich als Konsument zwischen Produkten wählen und meine Ernährung nach meinen finanziellen Möglichkeiten und meinem Gewissen gestalten. Was aber, wenn mein Geschmack schlecht ist, und ich damit anderen schade? Jeder nach seinem Geschmack? Das verrät nicht nur einen ästhetischen, sondern auch einen ethischen Relativismus. Eine Lösung für die eklatanten Probleme, mit denen sich die Menschheit auf kurz oder lang auseinandersetzen muss, bietet diese Haltung allerdings nicht.

Stattdessen setzt man die Hoffnungen in die Technik. Im globalen Süden investiert man in die Produktion von essbaren Insekten, im globalen Norden in die Entwicklung von In-vitro- beziehungsweise Kulturfleisch. Beides ist nicht nur eine Frage der Technologie, sondern auch eine der Überwindung des angelernten Ekels. Beides kommt einem gastronomischen Tabubruch gleich. Das Laborfleisch lockt damit, umweltfreundlich und ohne Tierleid auszukommen. Da es allerdings nur in kleinen Mengen hergestellt werden kann, wird es höchstwahrscheinlich nie zu einem Massenprodukt werden. Die Utopie dahinter ist dennoch bemerkenswert: Fleisch essen können, ohne töten zu müssen? Das wirkt wie eine bizarre Fantasie aus einem Science-Fiction-Film. Tierschützer sind nicht zufrieden mit diesen Optionen, denn für beide Varianten müssen weiterhin Tiere getötet werden. Die Ingredienz von Insektenfleisch sind eben Insekten, und die künstliche Erzeugung von Kulturfleisch kommt noch immer nicht ohne ein Mindestmaß an »Rinderpartikeln« aus. Dennoch gibt es endlos viele Investitionen in den Sektor Alternativfleisch, die sich allerdings nur peripher auf die Endpreise im Supermarkt auswirken. Die Zielgruppe, sprich die Masse, wird damit verfehlt, da diese Produkte für den alltäglichen Verzehr schlicht zu teuer sind.

Im Hinblick auf diese Aussichten ist es kein Wunder, dass einige auf fleischliche Ernährung gleich ganz verzichten. Egal, ob aus tierethischen, ökologischen oder geschmacklichen Gründen: Das Überleben und die Verbreitung von Ideen werden grundlegend davon bestimmt, inwieweit sie mit den Neigungen der potenziellen Anhänger übereinstimmen.[16] Einzelpersonen ahmen diejenigen – samt ihrem Ekel – nach, von denen sie glauben, dass sie eine ähnliche kulturell konstruierte Identität besitzen und neben ihren Überzeugungen und Praktiken einen höheren sozialen Status als die Nachahmer vorweisen können. Sobald eine kritische Masse der Bevölkerung eine Praktik übernommen hat, lässt sie sich im nächsten Schritt institutionalisieren. Oft, indem ideologische oder religiöse Erklärungsschemata zum Einsatz kommen. Die »heilige Kuh« lediglich als Spleen strenggläubiger Hindus zu verstehen verfehlt möglicherweise die einstige Absicht des Tabus. Das sich langsam ausbreitende ethische Gebot der Gewaltlosigkeit (Ahimsa) könnte nicht die Ursache für das Nahrungstabu, sondern das Mittel zur Durchsetzung eines ökonomisch nützlichen Kalküls sein: Eine lebende Kuh bringt auf längere Zeit mehr Nutzen für mehr Menschen als ihr totes Fleisch. Dass dieses Gebot bei Übertretung seit Längerem auch strafrechtliche Folgen in Indien hat, steht auf einem ganz anderen Blatt. Ebenso wie die Politisierung des Tabus für nationalistische Propaganda und populistische Agenden. Ob nun ausschließlich ökonomisch oder nicht: Die Unberührbarkeit der Kuh hat sich längst zu einem effektiven Tabu entwickelt, das Hindus vor allem als kulturelles Distinktionsmerkmal gegenüber anderen dient und weniger aus ernährungstechnischen Bedenken resultiert.

In unserem Fall braucht es keine weit hergeholte These, denn die apokalyptischen Vorhersagen zur fortschreitenden Klimakatastrophe reichen aus, um das Tabu des (täglichen) Fleischverzehrs in Kraft zu setzen. »Wenn also eine kritische Masse von Individuen ein bestimmtes Lebensmittel meidet oder (später im Prozess) einem Verbot zustimmt, können individuelle Erfahrungen von Scham und Stolz die Verbreitung und Aufrechterhaltung dieses Verhaltens fördern.«[17] Dass in westlichen Ländern oft finanziell oder sozial Gutgestellte ein Lebensmittel meiden oder sich dem Tabu Fleisch verschreiben, könnte dazu beitragen, dieses Tabu als elitäre Setzung zu betrachten. Generell stellt der Anthropologe Valerio Valeri in seinen wegweisenden Forschungen fest, dass Tabus »vorwiegend den Körper in seinem Austausch mit anderen Körpern (durch Essen, Fortpflanzung, Bluten, Ausscheidung, Verwesung) zu betreffen scheinen«[18] und bestimmte grundlegende soziale Regeln definieren, die an diesen körperlichen Austauschvorgängen beteiligt sind oder durch sie symbolisiert werden. Auffallend dabei ist, dass sich der überwiegende Teil der weltweit bekannten Nahrungstabus auf Fleisch und tierische Produkte bezieht. Die meisten Speisepläne sind eng gesteckt, und das nicht nur, weil es wenig Auswahl gibt, sondern weil es undenkbar ist, gewisse Dinge zu verzehren. Fleischessen ist also keineswegs eine triviale Angelegenheit. Der Kult um das Opfer ist nicht nur fixer Bestandteil weltweiter Ernährung, die rituelle Schlachtung von Tieren ist Bestandteil vieler Religionen und wird zum Beispiel im Hinduismus und im Islam praktiziert und, wenn auch in abstrakter Form als Hostie, im Christentum.

Sind es nun vorwiegend religiöse oder irrationale Vorstellungen, die eine vernünftige Ernährung behindern, oder sind es eher materielle beziehungsweise ökonomische Hindernisse? Wenn Frantz Fanon als Psychiater und politischer Philosoph zur Tat schreitet und in »Die Verdammten dieser Erde« über die Beziehungen des Menschen zur Materie, zur Welt, zur Geschichte schreibt, dann fasst er auch die wenig Privilegierten ins Auge. Deren Beziehungen zur Materie »sind in der Kolonialperiode Beziehungen zur Nahrung«. Es geht nicht mehr darum, etwas zu sein, etwas zu verkörpern. »Leben heißt hier nur:

nicht sterben. Existieren heißt: das Leben erhalten. (…) Die einzige Perspektive ist dieser immer mehr zusammenschrumpfende Magen, der zwar immer anspruchsloser wird, den man aber dennoch zufriedenstellen muß.«[19] Die fehlende Sinnlichkeit bleibt aber nicht folgenlos. Der Philosoph und »Gastrosoph« Harald Lemke wies mehrfach daraufhin, dass Nietzsche in seinen Werken andeutet, dass der geistige Zustand des Menschen ebenso physische wie moralische Folge seiner Ernährungsweise sei. Eine »gute Ernährung« wird hier in ambivalenter Weise verstanden: nicht nur ernährungsphysiologisch gesehen, sondern auch moralisch. »Kennt man die moralischen Wirkungen der Nahrungsmittel? Gibt es eine Philosophie der Ernährung?« So lamentiert Nietzsche und spricht vom Leib als »große Vernunft«.

Im Angesicht der bestehenden Umweltprobleme und der sozialen Ungleichheit lässt sich an diesem Leib zweifeln. Sind die Probleme doch zweifellos auf unsere sinnliche Unersättlichkeit zurückzuführen: Zu viel Genuss macht ungenießbar. Auch die etymologische Verwandtschaft von Sinn und Sinnen deutet schon an, dass sich Sinn wohl nur durch die Sinne realisieren lässt. Passen demnach vernünftige Selbstbeschränkung oder radikaler Verzicht besser zu unserer heutigen Vorstellung von »gutem Leben«? Lässt sich ein genussvolles Leben noch moralisch legitimieren? Viele Philosophen haben zur »goldenen Mitte« zwischen Askese und Exzess geraten, zum maßvollen Genuss, der nicht minder intensiv sein muss. Die Idee der »gelehrten Eingeweide« (Epikur) ist aktueller denn je. Es sei nicht möglich, lustvoll, also gut zu leben, ohne dass man »klug, schön und gerecht« lebt. Gegenüber den »unvernünftigen« Begierden stehen »vernünftige« Begierden, Begierden, die unserer Natur entsprechen, folglich keinen Schaden nach sich ziehen und für uns leicht zu erreichen sind. Ein Mensch mit »gelehrten Eingeweiden«, also »gutem Geschmack«, wird sein Begehren auf dieses Notwendigste richten und dadurch dauerhaft höchste Lust erfahren. Unersättlich ist nicht der Bauch, sondern die trügerische Meinung, er hätte unbegrenztes Fassungsvermögen. Erst die gelehrten Eingeweide machen einen differenzierten und vielseitigen Genuss und ein richtig gutes Leben möglich.

Möglicherweise ist das der Grund, warum die Reduktion des weltweiten Fleischverzehrs so schwerfällt. Um dies zu ändern, hieße es, genau hinzusehen, woran es liegt. Vielleicht sind es andere Faktoren als fehlende Vernunft. Was, wenn wir nicht Werte und Ideologie, sondern »materielle evolutionäre Prozesse« als die primäre Ursache von Kriegen und ökologischen Katastrophen sehen müssten? Dann wären das Führen von tierethischen Debatten und ein ständig gezückter moralischer Zeigefinger nicht nur wirkungslos, sondern auch zynisch. »Infolge der akademischen Mißachtung der Wissenschaft von der Kultur ist die Welt voller Moralisten, die stur behaupten, sie hätten frei gewollt, was sie unwissentlich zu wollen gezwungen waren, während infolge der Unkenntnis der Faktoren, die freier Entscheidung entgegenstehen, sich Millionen Menschen, die frei sein könnten, in neue Formen von Versklavung und Abhängigkeit begeben haben.«[20] Diese Kenntnis zu vermitteln war das zentrale Anliegen des Anthropologen Marvin Harris. Er versuchte zu belegen, dass Ernährungstabus vor allem materiellen Problematiken geschuldet sind und sich so auch das Gebot zum Fleischverzicht verstehen lässt. »Körper und Fleisch bilden ein unauflösliches Ganzes. Der Körper ist nur insofern Körper als er potenziell ein Stoff ist, der sich wie ein Fleisch essen lässt.«[21] An der Oberfläche mögen soziokulturelle oder pseudoreligiöse Meinungen vorherrschen, die über Tierwohl und sozialen Status verhandeln; die Dringlichkeit einer ökologischen Essenswende und damit die Umsetzung des Gebots scheinen im Angesicht wachsender Bevölkerungszahlen und ökologischer Verheerungen unvermeidbar.

Unsere Speisepläne sind trotz einer immensen Auswahl an Lebens- und Nahrungsmitteln meist höchst konservativ. Ebenso wie unsere zwiespältige Unterscheidung zwischen geliebten Schoßtieren und reinen Nutztieren. Rein ernährungsphysiologisch gesehen ist sogar Hundefleisch zum Verzehr geeignet. Nach einem ethnosoziologischen Ansatz (Leach) gelten Hunde in den Gesellschaften als nicht essbar, in denen diese als Familienmitglieder betrachtet werden oder für die Menschen emotionale Bedeutung haben. Das macht sie zu wertvoll, um als Nahrung infrage zu kommen. »Hundefleisch wird in unserer Kultur nicht zurückgewiesen, weil es ernährungsphysiologisch nicht wertvoll wäre, sein Genuss gesundheitliche Schädigungen nach sich zöge oder weil es der Stabilisierung unserer kollektiven Identität diente, sondern weil mit ihm eine Bedeutung verknüpft ist.«[22]

Betrachten wir die ganze Sache einmal von der anderen Seite. Was, wenn das Unwahrscheinliche passiert? Was, wenn Tiere Menschen essen? Beim Kannibalismus beruht die Kränkung auf der Tatsache, dass ein Mensch einen anderen Menschen verzehrt, einen Artgenossen, der zu einem essbaren Lebewesen degradiert wird. Wenn allerdings Raubtiere Menschen fressen, schaudern wir über den Grenzbruch zwischen Tier und Mensch, eine Überschreitung, die das Tier vollzieht. Für das Tier ist das menschliche Fleisch wie tierisches, der Mensch eine Beute und noch nicht einmal die bevorzugte. »Es ist das ›Raubtier‹, das sich nach dem Fleisch des anderen sehnt, welches es beuteartig an sich reißen, verzehren will.«[23] Ob allein der Gedanke, als bloßes

Fleisch zu gelten, die Scham, dass ein Mensch einem Tier unterlegen wäre, dazu geführt haben könnte, die Ausrottung wilder Tiere in einem exzessiven Maß voranzutreiben oder sie bestenfalls in Nationalparks und Zoos zu verbannen?

Die Furcht vor tierischen Menschenfressern hat eine lange Geschichte, von der zahlreiche Fotos kolonialer Expeditionen erzählen. Dass Tiere Menschen gezielt töten, um sie danach zu fressen, dieses Verhalten ist selten. Nicht nur, weil sich die Zahl der Raubtiere an Land radikal dezimiert hat. Wenn Menschen von diesen angegriffen werden, dann ist das eher dem Zufall und dem Eindringen des Menschen in deren natürlichen Lebensraum geschuldet. Der »Dämon von Champawat«, eine bengalische Tigerin, tötete geschätzte 436 Menschen, bis der britische Jäger Jim Corbett dem Spuk ein Ende setzte. Schlussendlich kam heraus, dass das Tigergebiss möglicherweise durch einen alten Schuss beschädigt war und das Tier deshalb seine bevorzugte Beute nicht mehr jagen konnte. Aus diesem Grund war es auf eine »leichtere« umgestiegen. Auch wenn Menschenfleisch nie an erster Stelle eines tierischen Speiseplans stand, bot es in Ausnahmesituationen eine Alternative für fleischfressende Tiere.

1916 kam es zu einem der wenigen bekannten Fälle von echten »menschenfressenden Haien«. Vielleicht, weil davor noch wenige Menschen in das Habitat des Raubtiers eingedrungen waren und von wissenschaftlicher Seite angenommen wurde, dass Haie ungefährlich wären. Nach den sich häufenden tödlichen Vorfällen entlang der Küste von New Jersey brach eine wahrhafte Hai-Hysterie aus, der Peter Benchley in seinem Roman ein Denkmal setzte. Mit der berühmten Verfilmung des Buches in den 1970ern schuf Steven Spielberg das neue Genre des Tierhorrors. Sein »Weißer Hai« schürt Angst, besonders bei denen, die keinen Kontakt zum Meer haben. Vor allem aber ist diese Angst angesichts der geringen Todes- und Angriffszahlen höchst irrational. Das für den Menschen gefährlichste Tier ist diesbezüglich noch immer die gemeine Stechmücke, die als unabsichtlicher Krankheitsüberträger fungiert. Aufgrund ihrer geringen Größe und ihrer äußerlich geringen Zerstörungskraft lassen sich Mücken aber weniger gut als furchterregende Bestien in Szene setzen als beispielsweise Haie, Tiger, Bären oder Wölfe.

Das menschenfressende Monster fasste in der Filmindustrie Fuß und wurde Teil der kollektiven Fantasien: entweder als den Menschen bedrohendes, weil zu menschenähnliches, oder als vom Menschen bedrohtes, wildes Naturwesen, das sich an der Menschheit rächt. Dass »diese hochmoralische Botschaft selten mehr ist als ein schöner Vorwand, unseren alten Albträumen ein neues kinematographisches Gewand zu verleihen«, darauf weist Georg Seeßlen[24] hin. Im Tierhorror schlägt die Natur zurück, aus der der Mensch vor langer Zeit gefallen sein soll.

Kapitel 2

STERBEN

> In diesem Stück wenigstens wird kein Unterschied sein zwischen einer Fledermaus, einer Made und dem Leib des Menschen. Denn es ist dieselbe Materie und gleichermaßen vergänglich. (…) Die längst Gestorbenen sollen mit ihrem leibhaftigen Fleisch von der Erde wiederauftauchen: Das ist durchaus die Hoffnung von Würmern. Denn welche Menschenseele möchte noch nach einem verfaulten Leib sich sehnen?
>
> *Kelsos im Streit gegen den Kirchenvater Origenes*

Der Mensch ist also das Tier, das nicht gegessen werden darf. Dieser »fleischliche« Hochmut ist aber nicht seine einzige Besonderheit. Was ihn wirklich von anderen zu unterscheiden scheint, ist das Wissen um den eigenen Tod. »Mors certa, hora incerta.« Aus diesem Grund mag der Mensch auch das einzige Lebewesen sein, das beerdigt. Es ist eine Möglichkeit, die Unverfügbarkeit des Todes zu bewältigen. Das Humane kommt wortwörtlich von Humus, von der Erde, aus der wir entstehen und zu der unser Fleisch wieder wird. Der personifizierte Tod lacht uns seit jeher als fleischloses Gerippe entgegen. Hätten wir ihn anders denken können, anders als entfleischt? Was dem Denken entgeht, ist dieser radikal-phänomenologische Vorrang des Lebens. »Dieses Vergessen erweist sich als besonders katastrophal, wenn es um das Denken des Körpers bzw. dessen geht, was mit ihm in einem unüberwindlichen Verhältnis verbunden ist: um das Fleisch, unser Fleisch.«[1]

Vielleicht ist der Hinweis auf die permanente Vulnerabilität entscheidend für die Bewältigung von Krisen, die sich am semantischen Riss der Begriffe Umwelt und Mitwelt aufspannen. In der anthropozentrischen Umwelt mag das menschliche Leben im Zentrum stehen, während in der biozentrischen Mitwelt das Gedeihen aller verhandelt werden muss. Die Vulnerabilität des Fleisches ist nicht mit der Vergänglichkeit alles Lebendigen gleichzusetzen. Dennoch ist die Zugehörigkeit zur Welt nicht heilbar. »Aber wenn man sich Mühe gibt, kann man sich vom Glauben heilen, daß man nicht dazugehört; daß das nicht das wesentliche Problem ist; daß, was mit der Welt geschieht, uns nichts angeht.«[2] Bruno Latours Appell ist, die Ökologie nicht als Name einer Partei misszuverstehen, sondern als Aufruf, die Richtung zu ändern: »Hin zum Terrestrischen!«[3] So außerirdisch dieser Aufruf scheint, so vertraut ist er anderen Philosophen. Sofort kommt ihnen Nietzsche in den Sinn. »Meine Brüder, bleibt mir der Erde treu!« Zarathustras Beschwörung war eine erste Kunde des terrestrischen Zeitalters. Mit diesen Worten tritt Nietzsches Prophet in den Ring, um den Sinn der Erde vor dem drohenden Nihilismus der »letzten Menschen« zu retten.

Nietzsches Thesen entkommen freilich dem vorherrschenden Anthropozentrismus nicht. Wissen wirklich nur die menschlichen Tiere um ihre mögliche Vernichtung? Wissen nur sie von ihrem sicheren Tod, und fürchten nur sie sich vor einem qualvollen Sterben? Es ist nicht gleichgültig, wie wir über unser Fleisch denken, ob wir seine Vergänglichkeit als Teil unserer menschlichen Identität begreifen oder nicht. Ich möchte einem Verdacht nachgehen, der sich schnell aufzudrängen scheint. Nämlich, dass es einen Zusammenhang gibt zwischen dem, wie wir uns als fleischliche Wesen wahrnehmen, welches Fleisch wir verzehren und wie wir die Debatte um Themen wie die Sterbehilfe führen. Vielleicht wird deshalb auch in aktuellen Diskursen sowohl um das Verständnis als auch um den Wert menschlichen Lebens gerungen. Wer sind wir noch, nach allen ökologischen Exzessen und sozialen Verwerfungen, wer sind wir jetzt, die wir uns Menschen nennen? »Sagen wir: Erdbewohner statt Menschen. *Wo* befänden wir uns? Auf der ERDE und nicht in der NATUR. Und genauer gesagt auf einem *Boden,* den wir mit anderen, oft seltsamen Wesen mit vielförmigen Ansprüchen teilen.«[4] Es möge uns Menschen die »Fähigkeit zum Wohl« gegeben sein, eine Fähigkeit, die wir mit pflanzlichem und tierischem Leben teilen. Wir wollen, so das Dogma, uns um jeden Preis selbst erhalten.

Um das Leben als höchsten aller Werte zu postulieren, wird der Selbsterhaltungstrieb ins Feld geführt. Aber wo ist dieser »Überlebenstrieb« situiert? Wo sitzt dieser mythische Conatus, der sich noch immer in dem Mythos des unbedingten Strebens eines Organismus nach Weiterbestehen, nach »Überlebenwollen« hält? Im Intellekt, im Seelenleben wohl nicht, denn nicht nur Pubertierende liebäugeln hin und wieder, wenn auch unterschiedlich intensiv, mit der Möglichkeit eines Suizids. Oder ist der Conatus etwa in unserer Fleischlichkeit festgeschrieben? Dann müssten wir klären, wieso sich der Mythos der Arterhaltung anhand einfacher Beispiele seitens der Psychologie widerlegen lässt. Von wegen Selbsterhaltung als Form des reinen Überlebens gleich einer unsichtbaren Kraft. Das überzeugendste Gegenbeispiel ist der Freitod. »Dieses hartnäckige Sterbenwollen, das so fremd war und doch so regelmäßig und beständig auftrat und darum nicht durch individuelle Besonderheiten oder Zufälle zu erklären war, war eines der ersten Rätsel einer Gesellschaft, in der die politische Macht eben die Verwaltung des Lebens übernommen hatte.«[5]

Michel Foucaults Zitat scheint die aus der Antike überlieferte Anekdote übersehen zu haben, in der der mythische Silen zu König Midas über das menschliche Schicksal spricht: »Elendes Eintagsgeschlecht, des Zufalls Kinder und der Mühsal, was zwingst du mich, dir zu sagen, was nicht zu hören für dich das Ersprießlichste ist? Das Allerbeste ist für dich gänzlich unerreichbar: nicht geboren zu sein, nicht zu sein, nichts zu sein. Das Zweitbeste aber ist für dich – bald zu sterben.«[6] Der Tod wird darin nicht als das größte Übel, sondern als die Erlösung von allen Übeln gezeichnet. Die Geworfenheit, die bei Existenzphilosophen wie Heidegger eine zentrale Rolle spielen wird, klingt in dieser mythischen Erzählung an: »Daß es ist und zu sein hat.« Ich habe weder mein Leben noch seine Bedingungen gewählt, wurde in diese Zeit und an diesen bestimmten Ort geworfen. Die einzige Möglichkeit, über das eigene Leben verfügen zu können, ist, es freiwillig zu beenden. Dieses Sterbenwollen transformiert sich in der Debatte rund um die Sterbehilfe zu einer Frage des Sterben*lassens*. »Man könnte sagen, das alte Recht, sterben zu *machen* oder leben zu *lassen*, wurde abgelöst von einer Macht, leben zu *machen* oder in den Tod zu *stoßen*. So erklärt sich vielleicht die Disqualifizierung des Todes, die heute im Absterben der ihn begleitenden Rituale zum Ausdruck kommt.«[7] Foucault schließt daraus, dass wir dem Tod nicht aus Angst ausweichen, sondern weil er für uns als Gesellschaft unerträglich wäre. Vielmehr ist das Ausweichen der Tatsache geschuldet, dass sich die »Machtprozeduren« von ihm abgewendet haben. Ihr Interesse gilt nun dem Leben und nur dem Leben. Auch wenn die Möglichkeiten zur Kontrolle sich wesentlich gesteigert haben, die Regulierung des Lebens, im Sinne einer Regulierung der Bevölkerung, ist schon immer ein wesentlicher Aspekt gewesen. Über lange Zeit erlangte der Souverän nur durch das Töten die Macht über das Leben.

Doch wem schuldet man heute das eigene Leben: den Eltern, den Vorfahren oder Gott? Wen muss man um Erlaubnis fragen, um sterben zu dürfen? Das Rätsel dieses Sterbenwollens konnte nicht gelöst, sondern im Laufe der Zeit lediglich pathologisiert werden. Nicht nur die Medizin, sondern auch die Politik nahm sich seiner Lösung an. »Heute verwenden wir unsere besten Kräfte darauf, das Leben zu verlängern. In Wirklichkeit verkürzt sich das Leben zum Überleben. *Wir leben, um zu überleben.* Die Hysterie der Gesundheit und der Optimierungswahn sind Reflexe auf den herrschenden Seinsmangel. Wir versuchen, das Seinsdefizit durch Verlängerung des nackten Lebens zu kompensieren.«[8] Dabei gibt es allerdings ein Problem für den Herrschenden. Während man das Sterben anordnen konnte, indem man einfach das Leben nahm, konnte man das Leben nicht anordnen. Giorgio Agamben beschreibt in seinem »Homo sacer« lang und breit dieses entscheidende Ereignis der Moderne als Politisierung des nackten Lebens. »Entstanden um des Lebens willen, bestehend um des guten Lebens willen.« Im Angesicht von Biologismen, die den öffentlichen Diskurs beherrschen, scheint diese antike Formel obsolet. Das nackte Leben, das Leben der Lust und des Schmerzes, hat das »gute« Leben, das Leben des Gerechten und Ungerechten, um das im Politischen nach Aristoteles gerungen wird, abgelöst. Dabei erklärt die Biologie nur die biologische Entstehung, aber nicht die Herkunft des konkreten Fleisches, des Ichs, das ich bin. Wenn Aristoteles den Menschen als »Zoon politikon« bezeichnet, dann spricht er eine biologische Wesenhaftigkeit an, die den Menschen zur Politik prädisponiert.

In den meisten Angelegenheiten, die das Attribut »menschlich« bekommen, schwingt schon ein moralisches Urteil mit. So wäre eine »menschliche« Politik einer deklarierten »Machtpolitik« vorzuziehen, da sie moralisch höher stünde. Worum geht es bei dieser Strategie der »Vermenschlichung« von Politik? Etwa um einen Kampf gegen die »Unmenschlichkeit«? Oder um einen Versuch, sie zu kontrollieren? Als ob es irgendeine Art von Politik geben könnte, die per definitionem nichtmenschlich ist. Ob das Wesen des Menschen nach seiner »biologischen Rohverfassung« moralisch gut oder böse sei, ist für die politische Praxis nicht nur irrelevant, sondern auch sinnlos. Erst durch seine »Kultur« wird er zu einem moralischen Wesen, »das heißt zu einem Wesen, das nicht mehr bloß naturgebunden reagiert, sondern seinen Regeln folgt (oder nicht folgt)«.[9] Indem er tut oder unterlässt, setzt er die Regel in Kraft. Das Gerechte, um das gerungen wird, wird nur dadurch verwirklicht, dass jemand gerecht handelt, und nicht dadurch, dass es Regeln gibt.

Jahrtausende, so Foucault, ist der Mensch ein Tier geblieben, das auch zu einer politischen Existenz fähig ist. Im Angesicht der Möglichkeit einer gänzlichen Vernichtung der Gattung ist der moderne Mensch ein Tier, in dessen Politik sein Leben als Lebewesen wortwörtlich auf dem Spiel steht.[10] Und zwar nicht nur im Sinne seiner biologischen Vernichtung als Lebewesen, sondern als Vernichtung seiner kulturellen Identität, indem das politische Leben verschwindet. An seine Stelle treten Gewalt oder Verwaltung, die nicht zufällig dieselbe sprachliche Wurzel haben: »irgendetwas waltet – aber es wird nicht mehr gehandelt.«[11]

Der archetypische Souverän übt die Gewalt augenscheinlich aus, während in der Verwaltung ein unsichtbarer Souverän gebietet. Er bewältigt die Körper, indem er sie verwaltet. Seine Gewalt kommt im Schafspelz. Wurde in Zeiten des Absolutismus das Volk beherrscht, wird die Bevölkerung nun verwaltet. So weit nichts Neues. Quasi neu ist, dass die »alte Mächtigkeit des Todes, in der sich die Souveränität symbolisierte, nun überdeckt wird durch die sorgfältige Verwaltung der Körper und die rechnerische Planung des Lebens«.[12] Die bürokratische Bio-Macht zählt nicht nur die Körper, sondern kalkuliert auch deren Kosten und Nutzen. Um das Volk zu bewahren, wird längst nicht mehr der Segen opferdurstiger Götter benötigt. Stattdessen vermisst ein Heer an Statistikern Geburtenrate, Gesundheit und die landwirtschaftlichen Im- und Exporte der Bevölkerung, um Berechenbarkeit und Planbarkeit zu gewährleisten. Die technische Überlegenheit, derer sich die Bürokratie gegenüber anderen Formen von Herrschaft rühmt, manifestiert sich durch die zunehmende digitale Verwaltung in dystopischen Überwachungs- und Kontrollfantasien.

Es ist jedoch keineswegs so, dass das allgemeine Unbehagen gegenüber der digitalisierten Bürokratie lediglich aus ihrer Unüberschaubarkeit resultiert. Paradox ist, dass ihre Effizienz nicht mit ihrer Verständlichkeit korreliert. Unverständlich ist vor allem, dass sie die wesentliche Frage der verwalteten Personen nicht (zufriedenstellend) beantworten kann. Was Menschsein ist, kann nicht vermessen werden. Um Menschsein zu verstehen, reicht es nicht aus, einen menschlichen Körper zu sezieren und den Durchschnitt aller Vorlieben und Abneigungen zu erheben. Um den Untertanen oder Bürger zu verstehen, reicht es nicht zu eruieren, wem er gehört oder welche Staatsbürgerschaft er hat. Die Unverständlichkeit ist eine Schwäche der Bürokratie. Die gewichtigere ist, dass sich der bürokratische Souverän neuen Zielen weder effektiv noch effizient anpassen kann. Er braucht zu lange, um einmal gesetzte Ordnungen zu ändern. Noch schwerer tut sich der Staat, die adaptierten Ziele auf die Bürger abzustimmen. Vielmehr wird er des Öfteren zum Selbstzweck, beharrt aus Prinzip auf einer mechanistischen Antragsabhandlung, auch wenn die von ihm formulierten Ziele dadurch ad absurdum geführt werden.

Aus diesem Grund lockt die digitalisierte Bürokratie, die die Verwaltung endlich ihren Ansprüchen gemäß zu optimieren verspricht: wirklich effizient, also noch unpersönlicher zu werden. Letzteres wirkt wie ein Widerspruch in einer Zeit, in der zwanghaft versucht wird, alles Mögliche zu »personalisieren«, um der technischen Kälte ein Mindestmaß an Sympathie abzuringen. Man personalisiert, sprich »vermenschlicht«, sein Smartphone-Cover ebenso wie seinen Online-Bank-Account. Im Zentrum steht aber nicht die Person, sondern deren gespeicherte und zum weiteren Einsatz bereitstehende Daten auf dem technischen Gerät.

Der Unterschied zu früheren, teils gescheiterten Kontrollversuchen ist, dass die digitalen Techniken zur Aufzeichnung der Lebensfunktionen, vom Gebären bis zum Sterben, immer besser werden. Vor allem, da die Techniken der Unterwerfung ins Innere verlagert wurden. Es braucht keinen starken Hobbesschen Despoten mehr, der seine Untertanen antreibt. Die Unterwerfung passiert freiwillig, auffällig unauffällig, ganz nebenbei, während man die nächste Applikation installiert oder seine Vitalwerte in der Cloud sichert. Man lässt nicht nur die Qualität des eigenen Schlafes auswerten, sondern auch die Zeit, die man online verbracht hat. Es ist dieser Vorgang der »freiwilligen« Unterwerfung unter das Dogma der Perfektibilität, der zwanghaften Selbstvervollkommnung, den der Philosoph Byung-Chul Han so treffend Selbstausbeutung genannt hat. Das Bentham'sche Panoptikum nimmt sich gegen das panoptische Internet, das Konzerne wie Google spinnen, fast harmlos aus. »Die gesammelten Daten (das ›Wissen‹) benutzt die Firma, um Macht auszuüben: Der Internetnutzer erhält zum Beispiel personifizierte Werbung, was Google Geld verschafft, um zu wachsen und mehr Daten zu sammeln. Staatliche Institutionen wie die NSA (National Security Agency) arbeiten ähnlich wie Google: Es geht darum, durch Macht an Wissen zu gelangen, um damit die Machtposition auszubauen.«[13] Effizienter als das alte panoptische Modell üben die digitalen Supermächte so Kontrolle ohne sichtbare Kontrolleure aus, und das noch dazu auf ihrem eigenen Hoheitsgebiet.

Die Lage ist also unübersichtlich: Wer oder was steht über der digitalen Verwaltung, wer kann den digitalen Supermächten Einhalt gebieten? Die politische Herausforderung ist folglich, wie wir die höchst politischen Tech-Supermächte unter Recht und somit unter Verantwortung stellen können. Das gilt vor allem für ihr digitales Hoheitsgebiet. Wahrscheinlich braucht es ein drastisches Beispiel, um die Problematik der Tech-Supermächte zu illustrieren. Bei den Nürnberger Prozessen sagte der ehemalige SS-Richter Konrad Morgen aus, dass er ganz eindeutig Gesetzesverstöße gegen die NS-Gesetzgebung festgestellt hatte. Persönliche Besuche in Konzentrationslagern hätten den Verdacht bestätigt. Was sich wie eine absurde Untersuchung anhört, wirft die Frage auf, ob es Recht in einem Unrechtssystem geben kann. Morgen sah sich in einem juristischen Dilemma: Um Recht zu verwirklichen, hätte er Hitler beziehungsweise Himmler anklagen müssen, aber wie sollte das möglich sein, wo doch niemand im System über diesen stand und über sie hätte richten können? So extrem dieses Beispiel scheint, so wesentlich ist es für uns, eine Antwort darauf zu versuchen: Finden wir weltweit eine konstante Mehrheit, die für eine Demokratisierung des digitalen Hoheitsgebiets stimmt? Die autoritären Entwicklungen in vielen Ländern seit den 2010er Jahren stimmen wenig optimistisch.

Es scheint vielmehr, dass die fortschreitende Digitalisierung zu mehr Herrschaft führen könnte als zu weniger, autoritäre Tendenzen verstärken statt mildern könnte. Vor allem aber könnte sie Politik im klassischen Sinne obsolet machen. Eine, die Gerechtes und Ungerechtes adressieren könnte. Stattdessen gäbe es algorithmische Gleichheit, die höchstens noch rudimentär unserem Konzept der Gerechtigkeit ähnelt und vielleicht auch deshalb mehr schlecht als recht funktioniert. Doch während sich Gleichberechtigung in Zahlen annähernd messen lässt, funktioniert das mit Gerechtigkeit nicht. Dass jeder das Gleiche bekommt, beispielsweise Beihilfen und Zuschüsse in Ausnahmesituationen, lässt sich evaluieren. Schwieriger ist es, Gleichstellung zu bemessen, die sich nur in Relation auf die Unterschiede zwischen den Individuen zeigt. Wie können wir feststellen, was jemandem gebührt? Eine gleiche Verteilung bei gleicher Leistung ist nicht per se gerecht. Der eine bedarf einer Leistung gar nicht, die er wie alle bekommt, andere bräuchten von derselben Leistung mehr, um ihre Bedürfnisse zu befriedigen. All das ist nur eingeschränkt in Zahlen abbildbar. Die Frage nach der Gerechtigkeit wurzelt in der materiellen Bedingtheit unseres lebendigen Körpers. Am Ende ist die Frage, *wer* überleben darf. Politik verhandelt über das Leben, »selbst wenn das ›Leben‹ nicht darum gebeten hat, gerettet zu werden – besonders vor seiner eigenen Bewegung«.[14] Der Philosoph Mohammed Bamyeh folgt einer vielversprechenden Spur: Im Unterschied zum Leben braucht der Tod keine Politik.

Letztlich steht selbst die digitale Herrschaft vor der Frage, wie sie den Leib berechenbar macht. Ganz ordnet sich das Fleisch dem Geist nie unter, auch wenn seit jeher sämtliche meditative und mediale Techniken darauf abzielen. Der Geist mag willig sein, aber das Fleisch ist stärker. Es bleibt – in seiner herrischen Unmittelbarkeit – für jede einzelne Person der Mittelpunkt der Welt. Ein weiteres Problem ist die Vereinbarkeit von Bürokratie und Demokratie. Gleichheit ist ein moralisches Prinzip, keine Tatsachenbeschreibung. Während die Demokratie die Gleichheit als moralisches Prinzip beschwört, tut die Bürokratie so, als ob es sie gäbe. Statt mit Bürgern hat sie es mit Antragstellern zu tun, die gleichbehandelt werden. Die Person spielt dabei keine Rolle. In der Bürokratie wird das Unpersönliche betont, in der Demokratie sind die Personen das Wesentliche. Anders gesagt: Bürokratie schreibt den Menschen in seiner Hominität fest, während die Demokratie seine Humanität fordert. Der Mensch in seiner Hominität lässt sich in Gattungsbegriffen fassen und bemessen. Er ist ein Herdentier, erst unter der Perspektive der Humanität wird er zu einer Person und damit zu »mehr« als einem Exemplar der biologischen Spezies. »Wenn wir bloß am Leben bleiben, retten wir nur unsere Haut, nicht aber unsere Welt. Da der Mensch aber nicht in seiner Hominität aufgeht, will er kein Leben um jeden Preis. Es ist nicht unsere Hominität allein, sondern Humanität, unsere Kulturverfassung, deretwegen wir leben wollen.«[15] Damit entzaubern sich gleich zwei hartnäckige Mythen auf einen Schlag.

Weder Selbsterhaltung noch Arterhaltung stehen an erster Stelle, wie nicht zuletzt unser Umgang mit herannahenden Katastrophen oder gattungsbedrohenden Techniken wie der Atombombe zeigt. Wenn es ausschließlich um das nackte Leben – im Sinne von Überleben – ginge, wenn es also im Zentrum stünde, dann lässt sich die irrationale und zögerliche Vorgehensweise im Angesicht der Klimakrise schwer erklären. Abgesehen von den zahlreichen Ablenkungsmanövern und Blindgängern, die die Sache verschlimmern, sind viele politisch getroffene Maßnahmen zwar effektiv, aber nicht effizient. Sie hätten den gewünschten Effekt, wenn genug Zeit und Ressourcen zur Verfügung stehen würden. Zeit ist aber genau das, was uns fehlt. Somit löst sich auch das Versprechen des Kapitalismus in Luft auf. Immerhin hatte er zwar nicht das ewige, sondern die Möglichkeit eines immer besseren Lebens verhießen. Der Imperativ der Nachhaltigkeit besagt nun, dass die Menschen nach einem »Genug« streben sollten statt nach einem »Mehr«. Das »gute« Leben im Angesicht und in Einsicht unseres begrenzten Organismus anzustreben, so lautet die einfache Formel. Doch in realiter geht es mehr darum, die übermäßige Lebensführung einiger zu verlängern, denn um das Überleben aller. Während das nackte Leben die Hoffnung der animalischen, hominiden Existenz ist, wohnt die Idee des guten Lebens der Humanität inne.

Die Frage ist nun, auf welches Menschsein sich die Menschenrechte beziehen. Wird der Mensch in diesem Kontext mit seinem bloßen Menschsein identifiziert oder in seiner potenziellen Humanität angesprochen, an der er teilhat? Die politische Fleischlichkeit des Menschen unterscheidet sich frappant von der politischen Persönlichkeit des Bürgers: eine Schizophrenie, die Hannah Arendt zu Recht mit ihrem »Recht, Rechte zu haben« adressiert. Dieses Recht ist das grundlegende Recht, auf dem alle anderen Rechte aufbauen müssten. Ohne dieses Recht könnte jeder von uns in einer Ausnahmesituation zu einem rechtlosen Subjekt, zum nackten Leben degradiert werden. Die Bürgerrechte sind den Staatsbürgern des jeweiligen Staats vorbehalten und sollen dessen »gutes«, sprich humanes, Leben garantieren. Das Recht, Rechte zu haben, bewahrt die Humanität als Mitte, auf die wir uns beziehen können. »Die Mitte ist ein Zwischenreich. Dieses Zwischenreich ist jene Welt des Wissens, die sich nur unter einer Vielzahl von Personen aufbauen lässt.«[16] Der deutsche Philosoph Wolfgang Leidhold nennt dieses Zwischenreich trefflich »kommunikative Polis«. Diese wird nur möglich, wo bereits eine Ordnung existiert, an der die kommunizierenden Personen Anteil haben und die sie abrufen können. Löst sich diese Mitte auf, folgt ihr die Humanität. Doch nicht nur die menschliche Disposition, sondern auch die Technik hat Einfluss auf die »kommunikative Polis«. Sie gibt ihr Regeln, Grenzen, und – in unserem Fall – auch die Möglichkeit zur Entgrenzung.

Eine gefährliche Option für sterbliche Wesen, denn diese »wohnen, insofern sie die Erde retten – das Wort in dem alten Sinne genommen, den Lessing noch kannte. Die Rettung entreißt nicht nur einer Gefahr, retten bedeutet eigentlich: etwas in sein eigenes Wesen freilassen.«[17] Dass in diesem Zitat Hölderlin anklingt, ist kein Zufall. Wesen und Verwesen korrelieren. Das Verwesen, das Vergehen, ist das Grundlegende. Hier ist nicht das Wesen als unveränderlicher Kern einer Sache gemeint, sondern, was das Wesen einer Sache ist. Genauso wie das gemeinsame Kommunizieren im Mittelpunkt jeder Politik steht, so stellt die Ausgangsbasis all ihrer moralischen Überlegungen das Verwesen dar, das allem Lebendigen zugrunde liegt. Unsterbliche brauchen weder Politik, noch müssen sie sich im Umgang mit dem verwesenden Gewesenen üben. Von den spektakulären Begräbnisriten in Ägypten, die sogar andere Spezies mumifizierten, bis zur »fleischfressenden Kiste«, unserem bürgerlichen Sarkophag, der plötzlich allen für die

»persönliche Verwesung« zur Verfügung stand: Diese Art der Konservierung war nur möglich, weil man Ähnlichkeit beziehungsweise Identität mit dem anderen Fleisch akzeptierte. Die Leichname wurden in Natronlauge eingelegt, ähnlich wie Pökelfleisch. Die hervorragenden Kenntnisse der Materialität einzelner Körperteile, Organe etc. konnten die Verwesungsprozesse verlangsamen – ohne die technischen Möglichkeiten einer Kühlkammer wie heute. Wesentlich ist, die Toten vor dem Vergessen zu bewahren. »Ein Mann lebt, wenn sein Name genannt wird«, sagt ein weitverbreitetes ägyptisches Sprichwort. »Tod ist Vergessenwerden, Herausfallen aus dem sozialen Netz des Aneinanderdenkens und Füreinanderhandelns. Diesem Tod gilt es entgegenzuarbeiten, indem man sich unvergeßlich macht, nicht durch Heldentaten, die alle Normen sprengen, sondern durch ein gerechtes und tugendhaftes Leben, das alle Normen erfüllt.«[18] Die Unsterblichkeit des Namens war es, die beispielsweise bei den Griechen die zumindest metaphorische Unsterblichkeit des Verstorbenen garantierte. Die Fortdauer des eigenen Namens wurde langsam zum Platzhalter der einstigen leiblichen Existenz.

Statt dem Einritzen, Beschneiden, Mumifizieren, also all den Verfahren, wo die fleischliche Verletzlichkeit aktiv genutzt wird, um sich zu verewigen, Ereignisse zu markieren, die durch die Narben im Fleisch sichtbar bleiben, versucht man es nun mit »Datennarben«. Man schreibt sich in die Software ein. Selbst Jean-Luc Nancys schwer zu lesendes Zitat bekommt dadurch eine zeitgemäße Färbung: »Das Schreiben rührt an die Körper *entlang der absoluten Grenze*, die den Sinn des einen von der Haut und den Nerven des anderen trennt.«[19] Das Bearbeiten von Materiellem, das Ritzen des Fleisches oder der Tontafel sind nicht mehr nötig. Ich kann heute in meinen Daten weiterleben, denn das Internet vergisst im Gegensatz zur kommunikativen Polis und den einzelnen kontingenten und fehleranfälligen Individuen nichts.

Das Erstaunliche ist weniger die unglaubliche Kunstfertigkeit, sondern die Erkenntnis, dass der Mensch der einzige Organismus zu sein scheint, der sich in seiner mehrtausendjährigen Existenz nicht mit seinem Verwesen abgefunden hat und sich sogar dafür schämt. Die Versuche, diese fleischliche Entropie mit allen Mitteln der technischen und medizinischen Möglichkeiten umzukehren, bezeugen dies schon zu Lebzeiten. Das Altern kennzeichnet die langsame Auflösung der organischen und sozialen Ordnungsstrukturen. Man verfällt, bis man zerfällt – und aus den Ordnungen herausfällt. Der Ägyptologe Jan Assmann sieht alle Kulturen aus diesem Wissen um den Tod und die Sterblichkeit entspringen. Sie »lösen dieses Urproblem der menschlichen Existenz auf ihre Weise, und es gibt gewiß keine Kultur, die sich nicht als Lösung dieses Problems verstehen und auf diese Kernfrage hin analysieren ließe. Die jeweiligen Lösungen aber sind grundverschieden. Hier gibt es keine Universalien. So einförmig der Tod sich aus biologischer Perspektive ausnehmen mag, so tausendfältige Formen nimmt seine kulturelle Überformung und Bewältigung an.«[20] Das »Millionenjahrhaus der Hatshepsut« ist insofern ein Versuch unter vielen, dem individuellen Fleisch Unsterblichkeit abzuringen. Technologische Utopien wie das Mind uploading versuchen dasselbe mit anderen Techniken. Die Verheißung der modernen Technokratie ist dieselbe wie die der antiken Theokratien: Unsterblichkeit. Aber wieso die Sterblichkeit fast ausschließlich als Übel gedeutet wird, als etwas Unerträgliches, vor dem der Mensch mithilfe der Kultur gerettet werden muss, das erklärt sich daraus nicht.

Mit Perspektive auf die Auswüchse menschlicher Dominanz scheint es vielmehr so, als müssten nicht wir, sondern die Erde als menschlicher Wesensort gerettet werden. Noch am Beginn ökologischer Diskussionen in der Mitte des 20. Jahrhunderts weist Hannah Arendt darauf hin, dass wir nur für die Voraussetzungen der Erdoberfläche angepasst sind. Überall sonst müssen wir die Bedingungen dieser Sphäre nachahmen; in Anbetracht unserer physiologischen Disposition wird uns das Terrestrische somit zum Schicksal. Unsere Physiologie macht es unmöglich, nicht selbst Teil jeder Beobachtung oder Erfahrung zu sein. Ebenso, wie wir niemals eine unabhängige Beobachterperspektive einnehmen oder auf dem archimedischen Punkt stehen können, bleiben wir erdgebunden. Wobei hier genauer differenziert werden sollte, was unter »Erde« gemeint ist. Der Mensch, der in seiner ungeheuren Anpassungsfähigkeit seinen wesentlichen Vorzug im Gegensatz zu anderen irdischen Lebewesen sieht, kann lediglich in einer kritischen Zone existieren. In der Schicht, in der wir leben, sind achtzig bis neunzig Prozent der gesamten Luftmasse und fast der gesamte Wasserdampf der Atmosphäre enthalten. Diese Troposphäre umfasst den Raum zwischen null und fünfzehn Kilometer Höhe. Eigentlich ein Klacks, wenn man diesen mit dem Rest vergleicht. »Wenn wir heute in einer von Sauerstoff dominierten Atmosphäre leben, so nicht aufgrund einer im Voraus angelegten Rückkoppelungsschleife, sondern weil die Organismen *sich multipliziert haben,* die dieses tödliche Gift in einen wundervollen Beschleuniger ihres Stoffwechsels verwandelten.«[21] Diesem evolutionären Potenzial steht freilich immer das Faktische allen Lebendigseins entgegen: die Tatsache seiner Verletzlichkeit. Auch die in Industrieländern und bis vor Kurzem vergessene Angst vor der Kälte, im Speziellen die Vorstellung einer Wohnung, die durch fehlende Energieversorgung kalt bleibt, verbreitet Schrecken, wie auch die Vorstellung hunderter Hitzetoter durch die heißeren Sommer. »Ihr seid das, wovon ihr abhängt.« Vor diesem Hintergrund bekommt die Klimafrage neben der ökologischen noch eine zusätzliche existenzielle Dimension.

Lebewesen sind nun einmal ihren physiologischen Tatsachen unterworfen. Und diese Tatsachen sind, wie es bei Bruno Latour heißt, hartnäckig; »das ist ihre Art, etwas *vorzuschreiben*. Man kann mit ihnen weder verhandeln noch sie nach Belieben passend machen.«[22] Es ist wichtig, diesen Punkt nicht misszuverstehen: Denker wie Latour und Nietzsche vertreten weder eine naive »Rückkehr zur Natur«, noch propagieren sie den Vorzug des »Lokalen/Rustikalen«. Ihre Besonderheit ist, dass sie versuchen, terrestrisch zu denken, sozusagen in den Grenzen des Terrestrischen zu bleiben und dabei weder dem Globalen noch dem Lokalen zu verfallen. »Die Attraktion des TERRESTRISCHEN – klar geschieden von der ›Natur‹ und nicht den ganzen Planeten meinend, sondern nur die dünne Schichte der Kritischen Zone – vereint die gegensätzlichen Figuren von Boden und Welt.«[23] Die Aufgabe ist dabei, nicht die »Rückkehr zur Erde« auszurufen, sondern die Zugehörigkeit zur Welt zu »rematerialisieren«, damit wir leben »können«. Das hybride Fortschrittsmantra »Macht euch die Erde untertan!« führt ins Leere, in den Nihilismus, wie ihn Nietzsche in den »letzten Menschen« verkörpert sieht. »Erst der Wille, der sich allwendig in der Technik einrichtet, zerrt die Erde in die Abmüdung und Vernutzung und Veränderung des Künstlichen. Sie zwingt die Erde über den gewachsenen Kreis ihres Möglichen hinaus in solches, was nicht mehr das Mögliche und daher das Unmögliche ist.«[24] Der in den letzten Jahrzehnten populär gewordene Begriff »Nachhaltigkeit« ist demnach nicht als eine von mehreren Wahlmöglichkeiten zu denken, nach denen man den eigenen Lebensstil ausrichten kann oder nicht, sie ist schlicht eine zu beachtende Tatsache. Wer mehr entnimmt, als nachwachsen kann, entkommt der Existenzbedrohung nicht. Die Absurdität des Wortes »Umweltschutz« ist offenkundig. Wen würden wir damit eigentlich schützen, wenn nicht uns selbst, falls wir es bei passender Gelegenheit beschlössen oder aus persönlicher Großmütigkeit täten? Wir müssen unser eigenes Überleben sichern, das allein von der Umwelt abhängt. Selbst der Begriff »Umwelt« zeigt die immer noch unglaubliche Anthropozentriertheit des angeblich aufgeklärten Menschen. Theoretikern wie Bruno Latour ist es zu verdanken, dass neue Begriffe in Gebrauch kamen, die unser Ausgeliefertsein besser zum Ausdruck bringen, aber auch alternative Vorstellungen anregen.

So klingt die aristotelische Vorstellung, dass Technik im Dienste der Natur stehen könnte, trotz aller aufsehenerregenden Entwicklungen seltsam fremd. Die Idee einer »naturfreundlichen« Technik ergibt sich logisch daraus, dass die Technik mit »natürlichen« Vorgaben arbeitet, unter Naturgesetzen steht und die »Natur« nachahmt. Man denke nur an Maschinen, die wie gigantische Insekten anmuten und allerorts am Bau zum Einsatz kommen; oder an Hightech-Implantate, die sich in den Organismus fügen und dort mit dem Gehirn korrespondieren sollen.

Dennoch ist es unser verdammtes Fleisch, das uns verweigert, ganz Maschine zu werden. Wir können nie völlig verschmelzen. Prothesen stehen für etwas, sie kompensieren etwas, sind vielleicht sogar effektiver als die ursprünglichen Teile, aber sie sind nie vollständiger Teil unseres Körpers. »Wir sind keine denkenden Frösche, keine Objektivier- und Registrier-Apparate mit kalt gestellten Eingeweiden«, schreibt Nietzsche in seiner »Fröhlichen Wissenschaft« gegen die Leibfeindlichkeit des abendländischen Rationalismus an. Unsere Gedanken müssten vielmehr aus unserer Sensibilität geboren werden, die wesentlich in unserer Sterblichkeit wurzelt. Technischer Rationalität fehlt die Unterscheidung und das Verständnis für die unterschiedlichen Vulnerabilitäten menschlicher Existenz. »Künstliche Intelligenz kann schon deshalb nicht denken, weil sie nicht fähig ist zum *pathos*. Leiden und Erleiden sind Zustände, die durch keine Maschine erreicht werden können.«[25] Zum einen wäre da die offensichtlich physiologische Vulnerabilität, vor der man sich durch mehr oder minder invasive oder extensive Sicherheitsmaßnahmen zu versichern versucht. Diejenige Verletzlichkeit, deretwegen vorwiegend hitzige Debatten geführt werden, das ist die moralisch-kulturelle. Der Hinweis der Ethikerin Hille Haker[26], dass uns zwischenmenschliche Ungerechtigkeiten anders verletzen als Schicksalsschläge oder Naturgewalten, sollte im Gedächtnis bleiben.

Zuallererst ist festzuhalten, dass Leiden niemals banal ist. »Bei den Tausenden leidender, unterworfener, ausgezehrter Körper, die das Fernsehen zeigt, wird ebenso gezeigt, daß es ›jeder Einzelne‹ ist, daß es jedes Mal aufs Neue ein ›jeder Einzelner‹ ist, der leidet.«[27] Gerade Diskurse über eine abstrakte »Menschheit« lenken den Blick vom Ort des Leidens, das immer persönlich ist, ab. Es gibt kein Leiden, ohne dass es jemandes Leiden ist. Damit ließe sich die Gleichheit aller Menschen moralisch begründen. Die Pathozentriertheit liegt bekanntlich vielen ethischen Überlegungen zugrunde. Aus unserer Verletzlichkeit heraus entspringt nicht nur unsere Würde, sondern irritierenderweise auch ein anderes Phänomen unserer Zeit, der Narzissmus. Mit einer ungeheuerlichen Verve legt Isolde Charim in »Die Qualen des Narzissmus« zwei Spielarten des Narzissmus offen, die nicht nur unsere Gesellschaft, sondern auch das Subjekt antreiben. Es gibt nämlich nicht nur den »Narzissmus der robusten Individualität«, sondern auch den »Narzissmus des vulnerablen Subjekts«.[28] Dieses ist mit kontinuierlicher Selbstsorge beschäftigt, die ständig um die eigene Verbesserung kreist und zur Idiotie, im wahrsten Sinne des Wortes, führt. »Ihr benehmt euch wie Sterbliche in allem, was ihr fürchtet, und wie Unsterbliche in allem, was ihr wünscht.« Das narzisstische Ideal scheitert Seneca zufolge nicht nur an sich selbst, sondern vor allem daran, dass es sich nicht in alle Unendlichkeit entwickeln kann. Die existenzielle Begrenztheit ist durch das Sterben als äußerste, also ek-statische, Grundsituation gekennzeichnet. Für das vulnerable Subjekt ist nichts mehr sicher, außer, dass es selbst zerstörbar ist. Deutlich sichtbar wird das durch das Altern, das Ver-Wesen.

Günther Anders hat recht. »Es ist nicht das Zerstörte, das ängstigt, sondern das Gebliebene.« Wir fetischisieren die Jugend nicht, weil wir sie so schätzten und ehrten, sondern weil wir das Ver-Wesen fürchten. Für eine Kultur, die nicht mehr an die Wiederauferstehung der Toten glaubt, wird der Kult um das Fleisch und die Diktatur der Gesundheit zentral. »Wir sprechen nicht mehr über Sünde, wir haben erlöste Körper, Körper voller Gesundheit, Sport, Vergnügen. Aber wer sieht denn nicht, daß das Desaster davon nur noch schlimmer wird: Der Körper ist immer weiter gefallen, tiefer, da sein Fall immer näher bevorsteht, immer beängstigender wird.«[29] Insofern können auch politische und gesellschaftliche Phänomene wie beispielsweise Impfgegnerschaft und Xenophobie als zwei Seiten dieses Falls betrachtet werden: einer Fetischisierung der Körperlichkeit unserer Existenz, vor allem der Gesundheit unseres Fleisches. Nicht mehr die religiöse Reinheit, sondern vielmehr die »natürliche« Gesunderhaltung des Fleisches beschäftigt beispielsweise die Verfechter der alternativen Medizin. Während die sogenannte »Schulmedizin« nicht nur die Integrität des eigenen Körpers zersetzt, sondern auch die »natürliche« Auslese untergräbt, soll die alternative Medizin »abhärten« und eine »natürliche« Lebensweise fördern. Kulturelle Techniken, wie zum Beispiel die Impfung, setzen einen kognitiven Sprung voraus. „(…) die Grundlage des Wissens ist ein Bild des Körpers, der nicht einer ist, sondern zugleich Natur und Kultur, also ein Veränderter und Veränderbarer.«[30] Sie widerlegt vor allem, dass es den »natürlichen«, »reinen« Körper an sich geben kann. Damit greift sie auch eine weitere mächtige Vorstellung an: die des »starken« Körpers, der jeden Eindringling problemlos bekämpfen kann. Wessen Körper es ohne Hilfe von außen, ohne medizinische Hilfsmittel schafft, der gehört zu den »Starken«. Um den Wert des eigenen Körpers festzustellen, muss der Kampf des Körpers mit dem Erreger ohne vorangehende »künstliche« Manipulation ablaufen. »Was mich nicht umbringt, macht mich stärker.«

Dieses nietzscheanische »survival of the fittest« funktioniert in Bezug auf Impfungen äußerst eingeschränkt. Das Starke wird hier synonym für das Gesunde verwendet, übrigens auch eines der Dispositive, das für alle fleischlichen Diskurse eine prominente Rolle spielt. Wer heißt wann »gesund«, und wie viel Krankheit ist zumutbar, um noch als gesund zu gelten? Eine vielsagende Stelle aus Jean-Luc Nancys Buch »Corpus« ist mir dazu im Gedächtnis geblieben. Er zitiert darin eine vielsagende Textstelle des Schriftstellers David Grossman: »Um in die SS aufgenommen zu werden, mußte der Kandidat vollkommen gesund sein. Er durfte nicht einmal eine Zahnfüllung haben.«[31] Schon im 19. Jahrhundert wurde das Impfen als »jüdische Vergiftung des Volkskörpers« bezeichnet. Exemplarisch steht die Impfung für das Verständnis einer angeblich jüdisch dominierten »Schulmedizin«, die man durch die ursprünglich »urgermanische« Naturheilkunde ersetzen müsste. Die Verweigerer des Impfens ziehen jegliche Gefahr durch das Virus dem Verlust ihrer körperlichen Integrität durch das Impfen vor. Beim Impfen würden Grenzen nicht nur überschritten, sondern aufgelöst. »(… Die Impfnadel berührt das Innere, das Fleisch und Blut, verbindet womöglich gar die ›Rassen‹.) Das Problem für den Impfgegner jenseits der körperlichen Phobie besteht darin, dass durch eure Impfung nicht nur der Körper, sondern auch das Bild des Körpers verändert wird.«[32] Wer geimpft ist, ist nicht mehr derselbe. Der Stoff ist ihm in Fleisch und Blut übergegangen. »Das aktuelle Impfbild passt nicht in das hierarchische Modell, und sein ziviler Charakter widerspricht der Kriegsrhetorik: Die Lösung kann nur im Akt des Starken gegenüber den Schwachen bestehen, des Helden gegenüber dem Bösen, dem Geist gegenüber dem Körper.«[33] In einem zweifellos beunruhigenden Ausmaß betreten hier Impfgegner und Fremdenfeindliche gemeinsames Terrain. Die einen möchten nichts »künstlich« Fremdes in ihrem Körper wissen, die anderen nichts »natürlich« Fremdes in ihren Volkskörper aufnehmen. Offene Grenzen lösen wie Impfnadeln die Grenzen des Körperlichen auf und stellen einen gleichzeitig unwiderruflichen Ein- und Angriff auf die Identität dar. Es sind die verschwimmenden Grenzen und die bedrohliche Vermischung zwischen den Körpern, denen Einhalt geboten werden muss. Haben wir es hier mit dem »rassistischen Subjekt«[34] zu tun, das das eigene Menschsein nicht in dem sieht, was es mit dem anderen gleich macht, sondern in dem, was es von ihm unterscheidet? Das fetischisierte Inkarnat ist hier nicht nur eine Frage der Haut, sondern wird zu einer des Fleisches. Der Körper, das Fleisch, soll vor allem durch politische Mittel gebannt werden. Die Krankheit Lepra gibt hierfür ein gutes Beispiel ab. Das »unreine« Fleisch musste nicht nur den Kontakt mit »reinem«, also gesundem Fleisch meiden, ihm wurde auch der Zugang zu religiösem Heil versagt. Der Aussätzige hatte gesündigt, was sein »unreines« Fleisch bezeugte. Ironischerweise besteht die größte Gefahr von Lepra in der fehlenden Wahrnehmung der eigenen fleischlichen Verletzlichkeit. Da die Nerven langsam absterben, spürt der Kranke auch keine Verletzungen mehr, die aufgrund von Entzündungen schnell tödlich endeten.

Eine andere Seuche, die Pest nämlich, leitete mit dem Einsperren von Erkrankten ein neues Modell ein. Statt von der »reinen« Gesellschaft wurde nun von der »disziplinierten« geträumt, so Foucault. Das Fleisch wurde in die eigenen vier Wände gebannt und der Austausch von Körperflüssigkeiten mittels Abstand und Maske radikal eingeschränkt. Auch das Coronavirus wurde mit den bekannten antiquierten Methoden bewältigt, keineswegs mittels technischer innovativer Verfahren beherrscht. Das heißt aber nicht, dass Letztere nicht trotzdem im Rahmen der Pandemie zum Einsatz kamen. Das erste Mal wurden viele Bürger weltweit nicht nur biologisch verwaltet, sondern auch überwacht. Ohne deren Einverständnis eingeholt zu haben, aber mit Verweis auf den persönlichen Nutzen dieser Überwältigung: Der Bürger wurde folglich nicht nur zum Subjekt, sondern auch zum Nutznießer der staatlichen Überwachung. Erstaunlicherweise wurde diese Überwachung in Achille Mbembes »Kritik der schwarzen Vernunft« bereits ausführlich beschrieben, allerdings in Bezug auf den rassistischen Umgang mit den »schwarzen« Subjekten. »Diese Überwachung stützt sich vornehmlich auf die Transkription der biologischen und genetischen Eigenschaften sowie der Verhaltensmerkmale in digitale Abdrücke.«[35] Das Unverwechselbare des Einzelnen wird vermessen, gespeichert und ausgewertet, sein Fleisch und Blut wortwörtlich digitalisiert. Anhand biometrischer Daten kann in Sekunden ermittelt werden, wer wo dazugehört und wer nicht, wer Geimpfter, wer Staatsbürger ist und woher seine Vorfahren stammen. Diese elementarsten Daten geben ein intimeres Geständnis ab, als jedes Polizeiverhör oder jede Beichte erreichen könnten. Der Traum einer »disziplinierten Gesellschaft« scheint vom Traum einer vollends »digitalisierten Gesellschaft« abgelöst worden zu sein. Für den technotronischen Souverän dieser »Digitokratie« werden die nicht austauschbaren Teile des menschlichen Körpers »zu Ecksteinen beispielloser Systeme der Identifizierung, Überwachung und Repression«.[36]

Sind das alles Indikatoren für die neue Seinsweise, um die im Angesicht der dystopischen Szenarien, die uns Wissenschaft und Medien zeichnen, gerungen wird? Eine neue, folglich andere, Seinsweise hieße aber auch, sich in einem anderen Denken, in einer anderen Lebenskunst üben zu müssen. Mit Praktiken, nicht mit bloßer Theorie, wird diese erfahr- und bewältigbar. »Der Mensch, durch sein Zuviel an Wissen aus den Ordnungen der Natur herausgefallen, muß sich eine künstliche Welt erschaffen, in der er leben kann. Das ist Kultur.«[37] Mithilfe dieser geschaffenen Welt schafft es der Mensch, über seinen begrenzten Lebenshorizont hinauszudenken, seine Erfahrungen einzuordnen und sein Handeln zu reflektieren. Kultur schafft es, dem menschlichen Bewusstsein, dem entsetzlichen Wissen über die eigene existenzielle Begrenztheit, etwas entgegenzusetzen. Kultur als etwas, das dem Ent-Setzen, dem Aus-der-Setzung-Bringen, etwas entgegen-setzt. Das eigentlich Entsetzliche am Tod ist, dass er unausweichlich ist. Weswegen also sich um etwas sorgen, das sich weder kontrollieren noch vermeiden lässt? Die Sorge um den Tod lässt sich nicht nur als beängstigte Vorsicht verstehen, sondern könnte auch im Sinne einer Vorbereitung auf das Sterben verstanden werden.

Der katholische Theologe und Philosoph Jürgen Manemann unterstrich in einem Interview 2020 die Bedeutung von Lebensformen als »Problemlösungshilfen«. »Die zentrale Botschaft des Christentums ist die Auferstehung. Wenn die Auferstehung die Lösung ist, dann, so die Antwort der Kirche, ist der Tod das Problem. Für viele Menschen ist aber der Tod nicht mehr das Problem, sondern das Sterben.«[38] Die Kirche hatte die Auferstehungslehre ganz im Sinne des Zeitgeists privatisiert und individualisiert, was notwendigerweise den Verlust des politischen Moments der Konzeption zur Folge hatte. Längst war die Sterblichkeit der menschlichen Natur keine Folge der Verdorbenheit mehr, auch wenn eines Tages alle Menschen unweigerlich aufgrund der Verderblichkeit ihrer Körper sterben.[39] Der religiöse Sündenfall hatte endgültig an Bedeutung verloren. Was nicht heißt, dass religiös konnotierte Praktiken an Bedeutung verloren hätten. Sie manifestieren sich allerdings nicht mehr ausschließlich innerhalb der traditionellen Religionen. Die zeitgenössischen Öko-Bewegungen führen beispielsweise etliche religiöse Elemente fort, haben mit anderen religiösen Ideologien neben zahlreichen Ernährungsgeboten und Regeln zur Lebensführung auch die apokalyptischen Visionen eines nahen Weltendes gemein.

Ihr asketischer Antinatalismus folgt logisch: wozu noch Kinder im Angesicht der Apokalypse? Im Westen, wo jegliches Protestieren gegen systeminhärente Strukturen zum Scheitern verurteilt ist, weil das System selbst den Protest für seinen Profit zu instrumentalisieren imstande ist, bleibt nur einer über: In einer auf permanentem Wachstum basierenden Gesellschaft ist der Protest gegen die Fortpflanzung, gegen das »Älter-n« werden (»Eltern« leitet sich etymologisch von »Älteren« ab), einer der wenigen, die noch möglich scheinen. Und wie man sieht, zieht er auch den Zorn der Alten auf sich. Die Geschichte der Öko-Askese ist wie die jeder Askese eine Geschichte der Befreiung vom Diktat der sexuellen Fortpflanzung, das gleichzeitig Konzepte wie den Generationenvertrag sichert.[40] Das Kind begleicht die Schulden gegenüber seinen Vorfahren, indem es selbst auch Nachfolger in die Welt setzt und damit die Schuld weitergibt. Der ökonomische Unterton ist kein zufälliger. Wer sich verweigerte, konnte nur mittels Keuschheit wirklich sichergehen. Heute ist das im Gegensatz zu früheren Zeiten nicht mehr zwingend nötig, da für einen gewissen Prozentsatz der Menschheit medizinische Hilfsmittel zur Verfügung stehen. Heute schuldet man seinen Eltern nichts mehr. Vielmehr schuldet man dem Planeten, den eigenen ökologischen Fußabdruck so gering wie möglich zu halten, und den eigenen ungeborenen Kindern, dass man sie aufgrund des für jeden zu erwartenden Leidens gar nicht erst zur Welt bringt. Doch wie bei der klassischen Theodizee ist die Richtigkeit der Prämissen der Anthropodizee fraglich: Wieso sollte erwartbares Leiden zwingend zu einer lebensverneinenden Haltung führen? Wie müsste man sich ein Leben vorstellen, das ganz ohne Leid, Schmerzen und Übel auskommt? Wäre diese sterile Welt nicht das eigentlich Unmenschliche, das von den technologischen Posthumanisten und Antinatalisten beschworen wird? Auch die Verringerung des Übels in der Welt durch die Nichtexistenz beziehungsweise das »sanfte Aussterben« der menschlichen Gattung, wie es Antinatalisten preisen, entspringt der Rechnung eines durchaus trivialen Lustkalküls.

Schon Kirchenvater Augustinus beschreibt seine Umkehr zu Gott hin und auch, wie ihm dadurch seine Schulden gegenüber seiner Mutter Monika vergeben werden: »Denn Du hast mich gewandelt hin zu Dir, daß ich nicht mehr nach dem Weibe fragte, nicht nach einer Hoffnung sonst auf dieser Welt: nun stand ich mit ihr auf jenem Richtscheit des Glaubens, auf dem Du mich vor so vielen Jahren ihr im Gesichte gezeigt hattest. Und ›Du hattest ihre Trauer in Freude gewandelt‹, viel reichlicher, als ihr Wunsch gegangen war, viel köstlicher und keuscher als die an Enkeln aus meinem Fleische, die sie (Monika) erwartet hatte.«[41] Die Öko-Askese hat demgegenüber keine Heilsvision mehr zu bieten, weder für den Asketen noch für die potenziellen Konvertiten. »Was bleibt, ist die Abwertung der Gegenwart, ohne Aussicht auf Zukunft, ohne Hoffnung, ohne Utopien (…). Was bleibt, ist die nackte Angst vor dem nahen Weltende, die Angst vor dem wahrhaft apokalyptischen Tod.«[42] Gerade diese Aussichtslosigkeit könnte sich fatal auswirken. Sie mobilisiert nicht, sondern lässt resignieren. Diese Askese ist nicht mehr für Gott, sondern »in maiorem naturae gloriam«.

Kapitel 3

WERDEN

> »Utopia ist ein Ort außerhalb aller Orte, aber es ist ein Ort,
> an dem ich einen Körper ohne Körper haben werde, einen
> Körper, der schön, klar, transparent, leuchtend, schnell,
> kolossal in seiner Kraft und unendlich in seiner Dauer
> sein wird. Ungebunden, unsichtbar, geschützt – immer
> verklärend. Es kann durchaus sein, dass die erste Utopie,
> die am tiefsten in den Herzen der Menschen verwurzelt ist,
> gerade die Utopie eines körperlosen Körpers ist.«[1]
> *Michel Foucault,* »Utopian Body«

Auch die Vorstellungen vom Jenseits, von einem Land des Todes oder der Toten sind Utopien, die sich oft durch materielle und immaterielle Werke im kollektiven Gedächtnis verfestigt haben. Egal, ob wir ehrfurchtsvoll die ägyptischen Pyramiden bestaunen oder schaurigen osteuropäischen Vampirgeschichten lauschen: Was uns fasziniert, ist, dass der Körper in diesen Geschichten über die Zeit hinaus weiterbesteht. Was ist denn eine Mumie anderes, so Foucault, als die große Utopie des negierten und verklärten Körpers? Den kulturellen Siegeszug aber trat eine andere Utopie an. Hartnäckig hielt sich lange Zeit der Mythos einer »unsterblichen Seele«, die im lebendigen Körper wohnt und diesen mit dem Tod wieder verlässt. Dennoch gibt es den Punkt im Raum, an dem sich mein Körper befindet und mein Fleisch vergeht: egal, unter welchen utopischen Vorzeichen ich meinen Körper zu formen versuche, ob ich ihn schminke, operiere, präpariere, mumifiziere. Speziell das Christentum greift diese Problemstellung prominent auf.

Spürt man dem Begriff »Fleisch« in der abendländischen Geistesgeschichte nach, landet man unweigerlich in der christlichen Theologie. Hier fand seit jeher eine geradezu obsessive Auseinandersetzung mit dem Thema statt. Vom »Und das Wort ist Fleisch geworden« (Johannes 1, 14) zum »Hoc est enim corpus meum«: Das Christentum bricht mittels der Fleischwerdung mit dem griechischen Denken. Das Kommen in einen Körper wird zu einem Kommen in ein Fleisch. »In Wahrheit war der Körper Gottes der Körper des Menschen selbst: Das Fleisch des Menschen war der Körper, den Gott sich gegeben hatte.«[2] Die Fleischwerdung Gottes macht das Opfer überhaupt erst möglich, das bezeugt werden soll. Sich opfern kann nur der, der etwas zu verlieren hat. Die Hostie symbolisiert dabei sowohl Opfer als auch Fleischwerdung. Ohne sie kann es weder eine Passion Christi noch eine göttliche Gnade geben. »So ist der Ruhm Gottes aufgeteilt: der Tod, die Welt. Die Fäulnis als Mysterium, der Schlamm als Form, als *ductus* der Stätten.«[3] In der christlichen Eucharistie verleibt der Gläubige sich das Opferfleisch ein. Wer könnte sich einer Existenz gewisser sein, als der, der seine Gegenwart in Fleisch und Blut erfährt? Das Leidenserlebnis muss bezeugt werden, dazu braucht es das schmerzfähige Fleisch. Das »Lamm Gottes« erinnert noch an diesen gerne verdrängten Aspekt des Opfers, das Kannibalische, das Gegessenwerden, das Einverleiben des inkarnierten Gottes, das zwar nicht die Unsterblichkeit des Körpers, aber die der Seele garantieren soll.

Eine Praxis, die weit ins 19. Jahrhundert wirkmächtig blieb, bis die anthropomorphe Gottesvorstellung langsam von einer anderen Idee abgelöst wurde. »Der Mensch ist etwas, das überwunden werden muss.« Diesen Wunsch verrät Nietzsches »Zarathustra« und deutet damit gleichzeitig die Möglichkeit an, dass der Mensch nicht überwunden werden »sollte«, sondern auch überwunden werden »könnte«. Nicht mehr nur durch den Einsatz humanistischer Bildungsideale, sondern auch durch die immer stärker eingreifenden Mittel von Medizin und Technik. Die Auffassung, dass der Mensch ein Mängelwesen wäre, dass er seine defizitäre organische und intellektuelle Ausstattung zu kompensieren hätte, existierte schon lange, bevor Arnold Gehlen sie in seiner philosophischen Anthropologie benannte. In der 1772 veröffentlichten »Abhandlung über den Ursprung der Sprache« bezweifelt Johann Gottfried Herder nicht nur die menschliche Vorrangstellung. »Daß der Mensch den Tieren an Stärke und Sicherheit des Instinkts weit nachstehe, ja daß er das, was wir bei so vielen Tiergattungen angeborene Kunstfähigkeit und Kunsttriebe nennen, gar nicht habe, ist gesichert.«[4] Er hinterfragte damit deutlich das menschliche Selbstverständnis, etwas Besseres, ja sogar etwas anderes als das Tier zu sein. In seiner »Tierheit« kann er sich nicht entkommen, nicht ausbrechen, seine Muster nicht überwinden, das gelingt ihm nur als »Mensch«. Diese antispeziesistische Dimension damaliger Überlegungen wird oft übersehen. »Wir haben umgelernt. Wir sind in allen Stücken bescheidener geworden. Wir leiten den Menschen nicht mehr vom ›Geist‹, von der ›Gottheit‹ ab. Wir haben ihn unter die Thiere zurückgestellt.«[5]

Damit ist aber das eigentliche Problem noch nicht gelöst. Der Mensch weiß jetzt, was er nicht ist; er weiß aber noch immer nicht, was er ist. Gegen die These, dass der Mensch aufgrund seiner physiologischen Disposition ein Mängelwesen sei, lässt sich übrigens einiges einwenden. Zum einen müsste erklärbar sein, inwiefern sich die menschliche Rationalität als Abweichung von der Natur verstehen ließe, der er ja immer angehört. Eine Distanzierung gegenüber sich selbst, ob mithilfe von Kunst, Wissenschaft oder bloßer Selbstreflexion, heißt nicht, der Natur »gegenüber« zu stehen. Vielmehr bedeutet es, sich selbst gegenüber eine Beobachterposition einnehmen zu können, die beileibe weder neutral noch objektiv ist. Eine weitere zentrale Figur der philosophischen Anthropologie des 20. Jahrhunderts schenkt diesem Umstand seine Aufmerksamkeit.

Helmuth Plessner charakterisiert den Menschen als »exzentrisches« Wesen, als eines, das nicht mittels biologischer Disposition, sondern erst »durch« seine gesellschaftliche Lebensform möglich wird. Die Menschheit vollzieht sich durch ihre Lebenspraxis und besteht höchstens als Utopie: als etwas, das »noch nicht« ist, aber sein »soll«. Wenn Aristoteles von der Sprache als wesentliches Unterscheidungsmerkmal des »Zoon politikon« spricht, dann meint er, dass der Mensch als gemeinschaftsbildendes Wesen seiner biologischen Disposition nach darauf ausgerichtet ist. Nicht der Mensch wendet sich der Politik zu, sondern er selbst ist staatenbildend wie auch andere, von ihm entfernte Spezies wie Bienen oder Ameisen. Erst durch sein differenziertes Stimmvermögen, das der physiologischen Besonderheit seines Kehlkopfs geschuldet ist, lässt sich mehr als Lust und Schmerz zum Ausdruck bringen. Sämtliche humanistische Ansätze wollen nicht nur einen kuratierenden Impetus auf die Jungen ausüben, sondern überhaupt erst das Menschliche realisieren: Um also am (politischen) Prozess teilzunehmen, gilt es, zuallererst das richtige Sprechen zu lernen. Nicht nur die außerhalb der politischen Gemeinschaft sind Barbaren, sondern auch die, die der Rede nicht mächtig sind, entweder ein Tier oder ein Gott. Der Mensch zwischen Tier und den übermenschlichen Göttern ist vertikal verortet, also hierarchisch.

Nietzsche hingegen ordnet den Menschen nicht über, sondern an der Seite des Tierischen und des Göttlichen ein. Ein heiliges Oben und ein verfemtes Unten existieren nicht mehr. Sein »besser als« ist nicht an einer quantitativen, sondern an einer qualitativen Differenz festzumachen. Nietzsches anthropologische Einschätzung scheint selten richtig verstanden worden zu sein, vor allem in ihrer Horizontalität. Wenn viele Positionen den Menschen als Mittelding zwischen Gott und Tier verorten, so machen sie das vertikal. Oben ist das Göttliche, unten das Tierische, dazwischen der Mensch, der sich einen Weg zum Göttlichen bahnen muss. Diese Konnotation findet sich nicht nur in theologischen Schriften, sondern auch in psychoanalytischen und zoologischen. »Den« Menschen gibt es nicht. Er definiert sich aus der Differenz zur tierischen Umwelt, aber auch zur technisch gestalteten Welt. »Was gross ist am Menschen, das ist, dass er eine Brücke und kein Zweck ist: was geliebt werden kann am Menschen, das ist, dass er ein Übergang und ein Untergang ist.« Diesen ambivalenten Satz legt Nietzsche seinem »Zarathustra« in den Mund.[6] Er ist nicht das Ende einer evolutionären Entwicklung, sondern ein Übergang. »Der Mensch ist ein Seil, geknüpft zwischen Tier und Übermensch – ein Seil über einem Abgrunde.« Er ist nicht frei von, sondern frei zu etwas aufgrund seiner besonderen Fleischlichkeit. »Denn unser Fleisch ist nichts anderes, *als daß es sich dadurch, indem es sich selbsterprobend erfährt, erleidet, sich selbst erträgt und somit sich selbst gemäß den stets wiedererstehenden Eindrücken an sich selbst erfreut.*«[7] Hier wird Menschsein als Emergenz verstanden, als etwas, das aus der Fleischlichkeit und seiner biologischen Ausrichtung, als auf die Polis ausgerichtetes Lebewesen erst durch die Zugabe neu auftauchender Qualitäten entstehen muss. Der Mythos des von vornherein vernünftigen oder zumindest vernunftbegabten menschlichen Lebewesens kommt hier an eine Grenze. Erst beim Einritt in die Welt emergiert der Mensch. »Die Existenz geht der Essenz voraus.« Er wird so sein, wie er sich selbst geschaffen haben wird, hält Jean-Paul Sartre fest. Nietzsche würde es noch radikaler formulieren, dass nämlich der Mensch eigentlich nur Mensch in dem Augenblick ist, in dem er sich überwindet. In einer Welt ohne Gott ist das die einzige Transzendenz, die ihm zur Verfügung steht.

Aus diesem Grund wäre er auch für das, was er ist, verantwortlich. Diese Vorstellung der Autopoiesis, nicht nur der Gattung, sondern des Individuums, verleiht ihm seine Würde. Doch gerade die Autopoiesis ist ein fragliches Konzept. Ob man sich als geschlossenen, autopoietischen Organismus begreift, als sich selbst schaffendes und erhaltendes System, oder die Lebendigkeit der eigenen Existenz als Sympoiesis begreift, wie es die Philosophin und Biologin Donna Haraway vorschlägt, das ändert alles: vor allem das, wofür man wortwörtlich verantwortlich ist, was man pflegen muss und worum man sich sorgen muss. Das geht weit über alles, was sich zur Spezies Mensch rechnen lässt, also die Primaten, die Kuschel- und Nutztiere, hinaus. Doch das ist Haraway nicht genug. Sie entzaubert die romantische Vorstellung über den frei schaffenden Genius, wenn sie in ihrem Buch »Staying with the Trouble« über Sympoiesis schreibt, dass nichts sich aus sich selbst schafft, nichts wirklich autopoietisch oder selbstorganisierend ist.[8] Aus diesem Grund kann Haraway auch für gewagte Verwandtschaften über Artgrenzen hinweg plädieren, für eine Sorge über alle Artgrenzen hinweg, um den Bann derer zu brechen, die Nietzsche die »letzten Menschen« nennt.

Diese sind die Antipoden zu seinen »Übermenschen«, bei denen es sich lohnt, sie anders als biologistisch oder eugenisch lesen zu lernen. Der »letzte Mensch« hat sein »Lüstchen für den Tag« und eines für die Nacht, aber er schafft es nicht mehr, ein Ideal seiner selbst zu schaffen. Als Anti-Prometheus schafft er es nicht mehr, über sich hinauszublicken, zu antizipieren. Das aber ist die eigentliche begriffliche Natur des mythischen »Prometheus«: Er ist der »vorher Bedenkende«. Im Gegensatz zu seinem Bruder Epimetheus, der erst, nachdem er die Büchse der verlockenden Pandora geöffnet hat, aus der alle die Menschheit quälenden Übel entkommen, sein Handeln bedenkt: »der danach Denkende«. Der »letzte Mensch« ist epimetheisch. Über sich hinauszudenken, sich ein utopisches »Noch-nicht« vorzustellen, ist ihm unmöglich geworden. Allerdings im Heideggerschen Sinne, wo das Mögliche vom Vermögen und das Vermögen vom Mögen abhängig ist. Der bisherige Mensch ist insofern der letzte Mensch, als er es nicht vermag, »sich unter sich zu bringen und das Verächtliche seiner bisherigen Art zu verachten«.[9] Seine Haltung zur Welt ist sentimental, nicht sensibel. In Zeiten von Hunger und Krieg suchen diese »letzten Menschen« also nach etwas, das sie wieder als Gesellschaft vereinen könnte, und wenn es nur die bekannte Zwangshandlung wäre, unbekannte Welten auszubeuten.

Wer könnten die »letzten Menschen« anderes sein als wir, die wir uns für unsere Fleischlichkeit bemitleiden, statt uns ihr anzunähern. Kaum wird eine Welt verwüstet, wird schon die nächste kolonialisiert. Da es keine »Neue« Welt, wie zu Anfang des 16. Jahrhunderts, zu plündern gibt und unsere derzeitigen Technologien nicht für die Flucht in den Weltraum reichen, bleibt nur die »digitale«. Im Metaversum wird aus den unterschiedlichen Handlungsspielräumen des Internets eine neue Welt geschaffen, in der man mittels Virtual-Reality-Technologien unbekanntes Terrain entdecken und neuartige Kriege führen kann. Wenig überraschend zeigt sich ein neuer, digitaler Imperialismus, unter anderem aus dem Silicon Valley. Liest man die Berichte und die Höhe der Investitionen, könnte man meinen, dass die digitale Revolution geradezu beschworen wird. Die Erwartungen an diese sind so trügerisch, wie sie es an die Französische und die industrielle Revolution waren. Die digitale Revolution führt ebenso wenig wie die früheren Revolutionen zu Befreiung und Aufklärung der Massen. Führte die letzte zur Ausbildung eines Proletariats, so führt die digitale Revolution vom Proletariat zum Prekariat. Auch die Selbstgewissheit dieser neuen Klasse ist prekär, und zwar im doppelten Sinne. Im Außen, also in der ökonomischen und ökologischen Existenz, wie im Inneren. »Die neue Universalität ist das Empfinden, dass einem der Boden unter den Füßen wegsackt. Ob sie ausreicht, sich zu verständigen und künftigen Kriegen um die Aneignung des Raums vorzubeugen? Vermutlich nicht, aber es ist unser einziger Ausweg: gemeinsam herauszufinden, welches Territorium bewohnbar ist und mit wem wir es teilen wollen.«[10]

Die Bewohnbarmachung verschiedenster Territorien gelingt dem menschlichen Tier laut dem philosophischen Anthropologen Max Scheler aufgrund seiner Weltoffenheit. Diese gibt ihm die Möglichkeit, sein Territorium über biologische oder biografische Horizonte hin zu erweitern, oft nur mithilfe seiner Techniken. Jedes neu angeeignete Gebiet teilen wir nicht nur physiologisch, sondern auch staatlich mit Maschinen, die bis ins Innerste unseres Selbstverständnisses und unserer Identität dringen. Im Angesicht dessen drängt sich die Frage auf, was wir eigentlich ohne unsere Technik wären. Und diese Frage ist ernster, als sie scheint: Was, wenn es erst unsere technischen Erfindungen sind, unsere Technik ist, die uns zu den Menschen macht, die man von Tieren unterscheiden kann? Dass auch andere Tierarten Werkzeuge und Techniken anwenden, ist schon lange bekannt. Um die zoologische Differenz dennoch aufrechtzuerhalten, wird die Elaboriertheit menschlicher Artefakte betont, die dem Menschen die Anpassung an diverse Umstände ermöglicht, nach mancher Lesart auch erleichtert. Ob menschliches Leben in Extremzonen und unter allen Umständen als Vorteil oder sogar als Überlegenheit gilt, ist eine Sache der Interpretation.

Die bekannte These, dass der Mensch ein Mängelwesen sei, ist nur schlüssig, wenn man ihn auf gewisse physiologische und morphologische Fähigkeiten reduziert und diese mit denen anderer Lebewesen vergleicht. Schämt sich das menschliche Tier vor der Überlegenheit anderer Tierheiten? Das eigentlich Verwunderliche ist aber, dass er sich über diese Mängel identifiziert. Diesen beizukommen gelingt ihm überraschenderweise nicht mit humanistischer Bildung, mit Kunst und Kultur oder religiösem Eskapismus. Es ist die Technik, es sind die eigens zur Beseitigung der Mängel erdachten Maschinen, denen er letztlich mit »prometheischer Scham« gegenübersteht. Der Mensch schafft als »Prometheus« eine »Ersatz-Natur« oder »zweite Natur«, die sich an ihm ausrichtet, ihn aber im Vergleich zu ihr auch antiquiert scheinen lässt. Die Halbwertszeit der Technik lässt sich mitnichten mit der organischen Lebens vergleichen. Das Geschaffene beschämt demzufolge das zufällig Entstandene, das Geborene, dem es dient. Die Technik sichert und gestaltet ein anthropozentrisches Territorium; der Großteil der Maschinen ist für die Hände und Beine des (erwachsenen) Menschen gemacht. Jedoch wirken sie auch auf den Körper ein und formen diesen durch ihre Nutzung, egal ob wir es mit massiven Maschinen auf dem Bau oder mit dem Laptop im Homeoffice zu tun haben.

Doch nicht nur die Technik verändert die menschliche Physiologie. Die Pädagogik muss den Menschen erst »machen«, die Anlage im Kind muss entwickelt werden. Die Pädagogik versucht den Menschen durch äußere Einflüsse zu verbessern, die Technik greift in das Fleisch des Menschen ein und versucht die identifizierten Mängel zu kompensieren, quasi einen »utopischen Körper« zu schaffen. Gelingt das, werden natürliche Abhängigkeiten reduziert, organische Unzulänglichkeiten ausgeglichen, und die notwendige Versorgung wird gesichert. Wieso sich also seiner smarten Gerätschaft schämen, wenn sie die Unbequemlichkeit der eigenen Existenz zu lindern vermag? Das Smartphone als verhältnismäßig günstiger und jederzeit verfügbarer Assistent ersetzt die einstigen menschlichen und daher fehleranfälligen Diener und Sekretäre. Oder noch treffender: Es ermöglicht selbst der Unter- und Mittelschicht, mühselige Aufgaben zu delegieren und Arbeiten schneller zu erledigen. Die Lösung für die meisten Alltagsprobleme ist nur einen Klick entfernt. Wieso sich nicht über die Entlastungen freuen, die uns die technologischen Entwicklungen beschert haben? Vielleicht lässt sich die prometheische Scham weniger als brachiale Reaktion auf die Minderwertigkeit gegenüber jedweder Maschine verstehen sondern vielmehr als böse Vorahnung. Was, wenn das Lösen offensichtlicher Probleme mittels Technologien andere schaffen könnte, die weit über die Vorstellungskraft ihrer Ingenieure hinausgehen?

Im Herbst 2018 verkündete der Biophysiker He Jiankui

auf YouTube die Geburt von zweieiigen Zwillingsmädchen mit einer Besonderheit: ihrer HIV-Resistenz. Dafür wurden sie als die weltweit ersten gentechnisch verändert. Doch bereits in der Petrischale sind die Kinder nicht gleich: Ersteres ist widerstandsfähiger gegenüber dem HI-Virus, weil bei ihm zwei Stellen des CCR5-Gens entfernt wurden, bei dem anderen nur eine. He wird schon vor seiner Verhaftung der Prozess gemacht. »Vielleicht wird Nana als vielversprechendere künftige Ehefrau anders erzogen als Lulu. Was sagen Sie dazu?«, fragte ihn etwa die Entwicklungsbiologin Maria Jasin. He erwiderte: »Darauf weiß ich keine Antwort.«[11] Spätfolgen hatte er schlicht nicht bedacht. Beispiele wie diese lassen sich viele finden. Während sich das 21. Jahrhundert auf die Auseinandersetzung mit Biotechnologien fokussiert, interessierte man sich im 20. Jahrhundert für das apokalyptische Potenzial der Atombombe. Die Aussicht auf eine menschengemachte Vernichtung lässt sich nicht mehr verstellen; einmal erfunden, bleibt diese bedrohliche Eventualität bestehen. Die Erben des Prometheus müssten fortan zwischen linearem und zyklischem Denken austarieren, zwischen technischer Logik und biologischer Notwendigkeit balancieren. In »Biopolitik postmoderner Körper« schrieb Donna Haraway vor dem Hintergrund der in den 1980er Jahren virulenten Aids-Krise: »Leben ist ein Fenster der Verwundbarkeit: es zu schließen, wäre ein Fehler. Die Vollendung eines völlig verteidigten ›siegreichen‹ Selbst ist eine schauderhafte Phantasie, die phygozytierende Amöben und mondreisende Männer zu einer die Erde verschlingenden evolutionären Teleologie eines postapokalyptischen Extraterrestrialismus vereint. Diese Phantasie ist schauderhaft, egal ob sie in den abstrakten Räumen des nationalen Diskurses oder in den gleichermaßen abstrakten Räumen unseres Körperinneren angesiedelt ist.«[12] Obgleich viele, von Günther Anders bis Peter Sloterdijk, die Figur des Prometheus bemühen, um die Ursachen des Weltenbrands verständlich zu machen, ist die eigentliche Figur, die uns, den »letzten Menschen«, nahesteht, die des Epimetheus. Der vergessene Bruder ist es, der, von seinen Affekten überwältigt, die Büchse der Pandora öffnet. Als diese endlich wieder geschlossen wird, bleibt ausgerechnet eine einzige Gabe über: die Hoffnung. Die Büchse der Pandora ist längst offen, die Hoffnung, dass die Gesellschaft mithilfe der Technologie in naher Zukunft perfektioniert werden wird, ist geblieben. Und das, wo doch nachweisbar technologischer Fortschritt und soziale Gerechtigkeit selten Hand in Hand gehen.

Projekte, die die menschliche Kontingenz zu überwinden versuchen, gehören nicht nur zu den teuersten, sondern auch zu den großzügig finanziertesten. Das wirft ganz andere moralische Bedenken auf. Zum Beispiel, wie diese Riesenausgabe an finanziellen Ressourcen vor der Öffentlichkeit zu rechtfertigen wäre. Oder auch, wer denn eigentlich von dieser potenziellen Unsterblichkeit profitiert: Ist sie für alle Lebendigen erreichbar oder nur für eine kaufkräftige Elite? Wäre noch irgendein Konzept von Gleichheit und Gerechtigkeit umsetzbar, zwischen denen, die »unsterblich« gemacht wurden, und denen, die sterblich geblieben sind? Der Anspruch der Technik, für alle Menschen verwendbar und zugänglich zu sein, erweckt den Anschein, die Technik würde dem Prinzip der Gleichheit aller dienen, allen eine geradezu unerträgliche Leichtigkeit des Seins ermöglichen. Aber sie ist keineswegs demokratisch, sondern funktioniert ihrer Struktur nach sogar autoritär/hierarchisch. Die »Big Tech« stehen nicht ohne Grund in ständigem Konflikt mit demokratischen Gesellschaften. Auch der Anschein von Neutralität, der die Technik umgibt, ist schwer aufrechtzuerhalten. Allen postmodernen Entzauberungen zum Trotz tut sie allerdings weiterhin so, als ob sie neutral wäre. Dieses »Als-ob« ist ein Teil ihres utopischen Potenzials wie auch die Vorstellung, dass sich das verfemte Fleisch beherrschen lässt. Foucault bemerkte zu Recht, dass viele Utopien als Anfechtung des Körpers entstehen, seine Vergänglichkeit mit anderen Mitteln zu überwinden. Transhumanistische, posthumanistische und auch traditionell religiöse Fantasien verfolgen dieselbe Taktik, um das Ziel zu erreichen: die Unerträglichkeit des Daseins zu mildern und das utopische Potenzial des Hoffens zu katalysieren.

Klar ist, dass es Folgen hat, wenn unsere Maschinen effizienter werden als wir. Dieses »Gefälle« zwischen der Unvollkommenheit des Menschen und der immer größer werdenden Perfektion der Maschinen nennt der Technikphilosoph Günther Anders »prometheisches Gefälle«. Der Mensch als Erfinder seiner Maschinen fühlt sich diesen plötzlich unterlegen, was den Wunsch erzeugt, selbst wie eine Maschine zu sein. Diese Scham des Menschen angesichts der eigenen Unterlegenheit gegenüber seinen technischen Schöpfungen bezeichnet Anders als »prometheische Scham«. Der Mensch steht im Vergleich zu seinen Erfindungen zurück, zumindest glaubt er das und verhält sich entsprechend. Mit schwerwiegenden Folgen, nicht nur für die Umwelt, sondern auch in Bezug auf die potenzielle Selbstvernichtung der Menschheit. Aber diese Diagnose hat Lücken: Es ist nicht das menschliche Kollektiv, das solche technologischen Entwicklungen bestimmt vorantreibt, sondern vielmehr eine elitäre Gruppe von Investoren, Wissenschaftlern, Programmierern und anderen. Sloterdijks »prometheische Reue« kann höchstens sie betreffen, uns anderen bleibt nur die »prometheische Scham«. Humanisten, Transhumanisten und Posthumanisten eint zumindest die begriffliche Verwurzelung in einer »Conditio humana«, einer menschlichen Begrenztheit, zu der sie beschämt jeweils eine andere Haltung kultivieren. Da wären die einen, die das Menschliche erst im vernunftbegabten Tier entwickeln wollen und das Scheitern ihrer Mission tagtäglich vor Augen tragen. Da wären die anderen, die das ausdifferenzierte Menschsein mithilfe von technischen Innovationen und mittels medizinischer Eingriffe zu einem bestimmten Optimum hin korrigieren möchten. Es gibt aber sogar die, die jenseits des Menschen denken, »Übermenschliches« erschaffen möchten. Posthumanisten wollen die menschliche Kontingenz überwinden, letzten Endes sogar das Fleisch, den Körper, also das zu Bestattende, indem sie die geistige Essenz alles Menschlichen beispielsweise in technologischen Archiven für die Ewigkeit aufbewahren möchten. Dieses Fleisch aber ist nicht teil- oder zerlegbar, »da es weder aus Teilchen noch Atomen besteht, sondern aus Lust und Leiden, aus Hunger und Durst, aus Begehren und Müdigkeit, aus Kraft und Freude: jeweils aus erlebten Eindrücken, von denen noch keiner aufgefunden wurde, indem Boden und Erde durchsucht, ihre Tonschichten geschürft wurden.«[13] Wieso sich unserer Vergänglichkeit nichts anderes entgegensetzen ließe als eine leibfeindliche Transzendenz, wie sie im Religiösen/Superhumanen oder im Technologischen/Posthumanen der Immortalisten propagiert wird, lässt sich mit alldem nicht ausreichend erklären.

Der Blick auf eine neuere Technologie vermag Licht ins Dunkel zu bringen. Die Art und Weise, wie unser Fleisch im Anblick des Digitalen scheint, beziehungsweise unser Fleisch sich darin auflöst, ist bemerkenswert. Die entgrenzte Fleischlichkeit macht uns zu geschlechtslosen Avataren. Die Anbetung des Mechanischen und Anorganischen verwandelt sich in eine der Daten, die Information. Die digitale Verheißung ist, die Unkontrollierbarkeit aller fleischlichen Ereignisse in Zahlenketten zu bannen und vorhersehbar zu machen. Heute muss das Fleisch nicht mehr diszipliniert werden, es wird »bürokratisiert«: Die totale Verwaltung des Fleisches bemisst Geburt, Tod, Krankheiten, bewertet und versichert. Kurz: Die totale Vermessung des nackten Lebens ist im Gange. An sich ist die Vermessung nichts Neues. Vor allem seitdem die Möglichkeit besteht, das Innere des Fleisches sichtbar zu machen, den Körper bis in den letzten Winkel zu durchleuchten. Dieser Röntgenblick erstreckt sich mittlerweile auf alle Lebensbereiche. Man durchleuchtet nicht nur das Unsichtbare, man löst das eigentlich unfassbare Fleisch in Datenmoleküle auf. Die Realität des Fleisches wird von den »harten« Wissenschaften diktiert. Sie sind es nun, die den Menschen definieren und bestimmen. Die Coronavirus-Pandemie warf ein besonderes Licht auf die Wahrnehmung und Einschätzung der eigenen Gesundheit. Bevor das laborgeprüfte Testergebnis nicht das Nichtvorhandensein von Erregern auswies, verhielt man sich defensiv. Der Beweis wurde von außen geliefert und konnte nicht zu hundert Prozent selbst erbracht werden.

Auch die Weiterentwicklung künstlicher Intelligenzen stellt die letzten Ansprüche menschlicher Würde infrage. Die Kunst war eines der letzten Reservate, in das sich viele zurückziehen konnten und sich den künstlichen Intelligenzen überlegen sahen. Mit dem Einsatz von ChatGPT sieht man diese Zuflucht endgültig in Gefahr. Wenn selbst die menschliche Kreativität von ChatGPT mit einem Klick zu ersetzen ist, wer will da noch die Schwerfälligkeit oder sogar das etwaige Scheitern eines menschlichen Dienstnehmers bezahlen? Die Ironie an der Sache ist, dass die Tätigkeiten, die über längere Zeit aufgrund ihres körperlichen Einsatzes wenig gefeiert wurden, die sind, die zukünftig am wahrscheinlichsten den Menschen vorbehalten sein werden. »Der sicherste Beruf in der Zukunft ist der Installateur. Denn diese Tätigkeiten werden wir mit den Robotern nicht schaffen.«[14] Das kollektive Aufatmen sollte uns bedenklich stimmen. Es macht den Eindruck, als versuchten wir verzweifelt eine Existenzberechtigung für unsere Spezies ausfindig zu machen, ihre Einzigartigkeit abzusichern. Schon Heidegger fällt auf, dass wir ganz selbstverständlich zu akzeptieren scheinen, dass Technik und Naturwissenschaften nicht nur den Standort und den Wert des Menschen, sondern auch sich selbst als den Maßstab der Bestimmung setzen. In Wahrheit sind wir heute eher geneigt, den blühenden Menschen zugunsten vermeintlich höherer physikalischer, physiologischer und – seit jüngerer Zeit – digitaler Erkenntnisse fallen zu lassen.[15] Doch gerade die körperlichen Ereignisse, Tod, Geburt, Krankheit, Lust, liegen außerhalb digitaler Kontrolle. Den eigenen Tod kann man nur ex negativo bestimmen, indem man ihn absichtlich zu einem bestimmten Zeitpunkt vor dem unbestimmten Todeszeitpunkt herbeiführt. Auch die Geburt ist ein interessantes Phänomen, das zu einem bestimmten Zeitpunkt eintritt, aber nicht dem eigenen Willen untersteht. Die organische Unkontrollierbarkeit ist eine mächtige Unbekannte. »Ist der Körper, welcher den lebenden Wesen gehört, derselbe wie der materielle Körper, mit dem sich die Quantenphysik beschäftigt und der als Grundlage für jene anderen ›harten‹ Wissenschaften dient, wie es die Chemie und die Biologie sind? Dass viele Leute in unserer Zeit so denken, welche genau das Zeitalter der Wissenschaft ist, verhindert nicht, dass seit jeher ein Abgrund die materiellen, das Universum bevölkernden Körper von jenem anderen Körper eines ›inkarnierten‹ Wesens trennt, wie es der Mensch ist.«[16] Es ist unser Fleisch, das uns verweigert, zu einer Maschine oder zu rein digitaler Information zu werden, die sich perfekt in die Leistungs- und Konsumgesellschaft fügt. Allem Fortschritt zum Trotz bleibt unser Fleisch das Archiv unserer Verletzlichkeit, der Narben, der Spuren von Schmerz und Verwüstungen – von der Geburt bis zum Tod. Nur Datennarben, als Lücken in unserem Lebenslauf, als Operationsreste in unserem Fleisch, und unsere digitalen Avatare in Datenbanken zeugen von unserer doppelten Natur als Information. Die US-amerikanische Religionswissenschaftlerin und Tänzerin Kimerer L. LaMothe beschreibt das Dilemma folgendermaßen: »Gelehrte aller Fachrichtungen investieren ihre Zeit in das Nachdenken über Körper anhand von Daten, die ihnen durch verschiedene logische und technologische Erweiterungen des menschlichen Sinnes bereitgestellt werden, einschließlich Büchern; und üben sich dabei darin, die Erfahrung des eigenen Körpers als Voraussetzung für den objektiven Status ihrer Wissenschaft zu ignorieren.«[17]

Die allumfassende Datafizierung des Menschen ist für uns normal geworden. Sie hat dazu geführt, dass wir heute (digital) entgrenzt sind. Wir sind im Netz nicht miteinander verbunden, sondern gefangen. Was uns durch die Löcher im Netz entschlüpft, bleibt im Dunkeln. Es sind die Datenlosen, die »Datenflüchtlinge« ohne (vollständige) digitale Identität, alle nichtgechippten, nichtmenschlichen Tiere, die von unserer neuen digitalen Welt ausgeschlossen sind. Auch das Konzept der Unsterblichkeit und der Ort der Unsterblichkeit – sei es durch Daten, sei es durch Kryotechnik – sind nicht für alle gedacht. Ihrer Anthropozentrik entkommen wir nicht. Auch der ambitionierte Versuch, einen digitalen Humanismus zu bemühen, um die Wüsten des Digitalen mit Leben zu füllen, scheint zu scheitern. Dieser kommt über eine wesentliche Schwäche nicht hinaus: Es geht um die menschengerechte Gestaltung zukünftiger Systeme, die den Menschen wieder in den Mittelpunkt rückt, obwohl er niemals woanders war. Künstliche Intelligenzen bilden und simulieren menschliches Denken und Sprechen, ohne beides zu verstehen. Aus dem einfachen Grund, dass Verstehen mehr als Rechnen und Imitieren ist. Was nicht heißt, dass diese Simulationen, diese Algorithmen keine Auswirkungen auf uns hätten. In Bezug auf die zunehmenden Diskussionen rund um KI argumentiert die Wissenschaftsforscherin Helga Nowotny, dass unser Vertrauen in die künstliche Intelligenz paradox ist. Wir nutzten KI, um die Kontrolle über die Zukunft zu erhöhen, während die KI uns dazu bringt, so zu handeln, wie sie es prognostizierte. Damit verlören wir sowohl wesentliche Teile unserer Entscheidungsfreiheit über die Zukunft als auch unseren Status als freies, moralisches Subjekt. Das Narrativ eines moralischen Fortschritts durch smarte Technik lässt sich folglich nicht halten. Dass das Internet die Gleichheit faktisch fördere, bewahrheitet sich ebenso wenig wie auch, dass es die Gleichheit als moralisches Prinzip fördere. Die Algorithmen bilden die reale Welt virtuell nach. Der Ressourcenaufwand für dieses neue »Metaversum« ist riesig; die Ausbeutung billiger Arbeitskräfte für die antisexistische und antirassistische Urbarmachung künstlicher Intelligenzen bedenklich. Warum wir also Erfahrungen in einer virtuellen Welt machen sollen anstatt in der realen, warum wir die eine der anderen vorziehen sollten, scheint schwer zu argumentieren. Möglicherweise ist das Metaversum die einzige Utopie, die uns »letzten Menschen« bleibt, die angesichts schlechterer Lebensbedingungen, apokalyptischer Zukunftsvisionen nur die Flucht in die »schöne, neue Welt« des Metaversums antreten können.

In dieser digitalen Welt leben Wesen, die sich von Tierheiten ebenso wenig exakt unterscheiden lassen wie von den Maschinen. Genauso wenig, wie es »das« Tier gibt, gibt es »die« Maschine. Mittels dieses Bewusstseins lässt sich vielleicht aus dem Dystopischen einer anthropozentrischen Welt in technischer Hegemonie hinausdenken. Die Angst der Beherrschung des Menschen durch die Maschine ist von dem Bild geprägt, dass die organische Materie etwas anders ist als die anorganische Materialität der Maschine. Das mag ein überzeugender Unterschied sein, aber nur, wenn wir beide voneinander unabhängig annehmen. Das sind sie aber keinesfalls. Die an den Menschen angepassten technischen Gerätschaften treten vielmehr in Symbiose mit dem organischen Körper. Wir richten oder schränken unsere Bewegungen je nach Maschine ein, gewöhnen uns im Austausch mit der Maschine eine andere Haltung an, kämpfen mit physischen und psychischen Folgen eines exzessiven Gebrauchs unserer Gerätschaften. Wir sind symbiotisch: Wir leben zusammen zum gegenseitigen Nutzen und in gegenseitiger Abhängigkeit. Maschinen funktionieren nur durch und für uns. Wenn Haraway also von uns als »Cyborgs« spricht, dann verweist sie lediglich auf die Tatsache, dass menschliche Tiere seit jeher einen tierisch-technischen Mischkörper haben. Diese Entdeckung versetzt alle gefestigten und herkömmlichen Begrifflichkeiten in Unruhe.

Plötzlich stellen sich all die Fragen, die Jacques Derrida im 20. Jahrhundert noch in Bezug auf das »Tier« stellte, neu. Kann uns die Maschine etwas über unser Menschsein lehren? Kann uns der Umgang mit der Maschine etwas über unsere Menschlichkeit sagen? Erscheinen wir im Spiegel der Maschine erst als Mensch? Die anthropozentrische Schieflage, die Derrida in Bezug auf »das Tier« diagnostizierte, gibt es auch in Bezug auf die von uns geschaffenen Maschinen. Dass wir beiden, bei Derrida »dem Tier«, bei Anders »der Maschine«, mit Scham gegenübertreten, muss uns befremden. Befremden in dem Sinne, als diese Scham zeigt, dass die Grenzen zwischen Tier, Mensch und Maschine nicht so eindeutig sind, wie wir sie gerne hätten. Wie alles beim menschlichen Tier ist diese »natürlich« und zugleich »gemacht«. Die Vorstellung eines naturbelassenen, ursprünglichen oder genuinen Menschseins entpuppt sich im Angesicht der Maschine als Schimäre. Technik ist kein neutrales Konstrukt, das unabhängig von menschlichen Interessen existiert. Den Maschinen Interessen oder Rechte beizulegen hat deshalb immer einen anthropozentrischen Beigeschmack. Wir vermenschlichen Maschinen um unseretwillen, nicht weil sie menschliche Züge hätten. Eine Tendenz, die sich auch im Umgang mit nichtmenschlichen Lebewesen zeigt. Der Unterschied zwischen den Begriffen »tiergerecht« und »tierlieb« ist ein fundamentaler. Er zeigt sich vor allem in der Haltung, also wie wir uns auf sie beziehen. Das utopische »Als-ob« kommt meist nicht über das simple »Als ob sie Menschen wären« hinaus. Umso erstaunlicher sind Projekte, die mithilfe unserer Technik speziesistische Grenzen zu überschreiten versuchen. Die an der Finanzierung gescheiterte »Dolphin Embassy«[18], ein schwimmender futuristischer Bau mitten im Meer, der für die körperlichen Bedürfnisse beider Lebewesen ausgelegt war, wollte Mensch und Delphin im direkten Austausch studieren. Abseits von Aquarium und Labor sollte hier Forschung stattfinden. Die Idee klingt bizarr, aber befremdlicher als die kostspieligen und aufwendigen Versuche, Kontakt mit außerirdischen Lebewesen herzustellen, wäre sie nicht gewesen. Warum nicht eher mit denen auf Tuchfühlung gehen, mit denen wir schon den Lebensraum teilen? Die Dolphin Embassy ist jedenfalls ein gutes Beispiel dafür, wie divers die technologischen Möglichkeiten zur menschlichen Transzendenz zukünftig sein könnten und wie eindimensional dystopisch sie zumeist gedacht werden.

Was nicht heißen soll, dass die Bedrohlichkeit der »prometheischen Schöpfungen« unterschätzt werden sollte, da sie Gefahren bergen, die für uns schwer bis gar nicht zu bändigen sind. Dem »prometheischen Begehren« hat Anders' »prometheische Scham« trotzdem wenig entgegenzusetzen. Wobei es ironisch ist, dass es gerade unsere Sterblichkeit sein könnte, die uns vor dem grenzenlosen »prometheischen Begehren« Einzelner bewahren könnte. »Sogar unsere Sterblichkeit spielt eine entscheidende Rolle, damit unsere Spezies als Ganzes überleben und sich anpassen kann (und Transhumanisten sind so ziemlich die letzte Gruppe, die ich gerne für immer leben sehen würde)«[19], schreibt Francis Fukuyama in seinem Essay über den Transhumanismus als »gefährlichste Idee der Welt«. »Die Befürworter des Transhumanismus glauben zu verstehen, was einen guten Menschen ausmacht, und sie sind froh, die begrenzten, sterblichen, natürlichen Wesen, die sie um sich herum sehen, zugunsten von etwas Besserem hinter sich zu lassen.«[20] Damit tappen sie aber in die Falle des Essenzialismus. Sie müssen eine »menschliche« Natur, einen Wesenskern behaupten, der sich im Angesicht der Komplexität eines langen Evolutionsprozesses schwer beweisen lässt. Menschsein als komplexes Produkt ist viel mehr als die Summe seiner Teile.

Es stimmt schon: Unser tierisches Fleisch lässt sich nicht von Maschinen ersetzen. Doch nicht nur das Organische verwest, gibt sein »Wesen« auf, auch die Maschine verschleißt, wird kaputt, rostet und verfällt wie alles Anorganische. Wir müssen das Menschsein nicht von seiner Sterblichkeit her, wir könnten es auch von seiner »Geburtlichkeit« her denken. In Hannah Arendts »Vita activa« (im Englischen: »The Human Condition«) stellt die Philosophin der klassischen »conditio« der Sterblichkeit und Endlichkeit die Natalität, die »Geburtlichkeit«, gegenüber. »Alle drei Grundtätigkeiten (…) sind nun nochmals in der allgemeinsten Bedingtheit menschlichen Lebens verankert, daß es nämlich durch Geburt zur Welt kommt und durch Tod aus ihm wieder verschwindet.«[21] Ja, wir Menschen sind Sterbliche, aber genauso sind wir Wesen, die immer wieder einen Anfang machen. Beide Phänomene, das Sterben wie auch das Geborenwerden, weisen das Fleisch als Ort der Unberechenbarkeit aus, der von der geschaffenen Welt umgeben ist. Was uns direkt zum Bereich des Geschlechtlichen und Erotischen führt. Auch hier lässt sich unser geborenes und sterbliches Fleisch nur mit Mühen und auf digitalen Umwegen mit Maschinen oder anorganischen Körpern vereinen. »Wenn ›Berührt-werden‹ eine Modalität unseres ursprünglichen Fleisches ist«[22], wie passiert diese mit einer Maschine? Berühren wir mit unseren Maschinen nicht immer uns selbst und machen uns dadurch zwingend selbst zu einer? Der Körper ist kein Ding, das man einfach nur benutzt. Manch Phänomenologe behauptete sogar, dass derjenige sein Menschsein nicht vollzieht, der seinen Körper wie eine Maschine behandelt, die ihm jederzeit und störungsfrei zur Verfügung stehen muss. Ist dieser Wunsch nach Verschmelzung mit der Maschine also zumindest ein Stück weit narzisstisch zu deuten?

Unser Wunsch nach Unverwundbarkeit, nach Unverletzlichkeit, nach endlosen Kräften und Allwissenheit, wie wir sie in unseren Maschinen verwirklicht sehen, geht der nicht auf die Angst zurück, nicht mehr genug menschliche Kräfte aufbringen zu können, um unsere eigene Existenz und unseren alltäglichen Lebensstil aufrechtzuerhalten? Transhumane Mythen bearbeiten diese Überforderung seit dem 20. Jahrhundert. In den 1930er Jahren präsentierte sich erstmals die unscheinbare »Angestelltenexistenz« Clark Kent mit seinem Ideal-Ich als Superman. An ihm prallt alles ab, nicht nur auf die Erde rasende Asteroiden, sondern auch alltägliche Demütigungen. Clark Kent ist wortwörtlich der Mann aus Stahl: Superman, der »Übermensch«. Seine Mission ist es, diese Welt zu retten, jedoch nicht, sie durch sein Handeln zu verbessern. Das ist das eigentlich Bedenkliche an dieser Heldengeschichte: Statt die gewaltsamen Verhältnisse aufzubrechen, soziale und politische Ungerechtigkeiten zu beseitigen, sich vielleicht sogar an die politische Spitze einer Friedensmission zu katapultieren – wer, wenn nicht jemand mit Superkräften, wäre dazu imstande –, nimmt Superman die Welt als gegeben hin.

Warum aber erlöst der als Verteidiger und Fürsprecher der Unterdrückten bezeichnete Superheld die Seinen nicht von den Bösen? Weil die Produktion von immer neuen Bösewichten und Super-GAUs zum Mythos des Superhelden dazugehört. Was wäre Superman ohne seine Superschurken, gegen die er ankämpfen kann? Clark passt sich an, weil dieses Gegebene die Voraussetzung von Supermans Existenz ist. In seinen Kämpfen fungiert er nicht nur als unermüdlicher Helfer der Polizei, sondern auch als Erhalter eines Systems, welches aus struktureller Notwendigkeit heraus immer mehr Gewalt und immer größere Katastrophen katalysiert. »Supermensch oder Untermensch? Phantasieventil für hilflose Unfähigkeit? Die Antwort des Menschen auf eine Maschinenwelt ist, eine Maschine zu werden? Glauben Sie, daß sich die Träume des modernen Laborexperten oder des Verwaltungschefs sehr von den Heldentaten Supermans unterscheiden? Hohe Tiere produzieren niedere Träume? Oder ist es genau umgekehrt?«[23] Diese hohen Tiere, diese »letzten« Menschen sind wir: wir, die wir entgrenzte Möglichkeiten zu kommunizieren, zu arbeiten, zu leben haben. All das scheint statt zu einer Befreiung zu einer Entgrenzung geführt zu haben. Das grundlegende Missverständnis war, die (Entwicklung der) Technik als etwas zu verstehen, das zum Ausgleich eines gattungsspezifischen physiologischen Mangels entstanden ist. Vielmehr ist sie Ausdruck unseres Begehrens nach Vervollkommnung, die jedoch als Prozess und nicht essenzialistisch verstanden werden darf. Es gibt keinen denkwürdigen Unterschied zwischen der Vervollkommnungsfähigkeit, wie sie in der Aufklärung verstanden wird, und der faktischen Vervollkommnung. Letztere müsste ironischerweise in der Anthropolypse enden, im Untergang alles Menschlichen. Wenn es darum ginge, die Player aus dem Spiel zu nehmen, die das System Erde und die Mitbewohner am meisten schädigen oder zukünftig schädigen werden, weil sie nicht nur unvernünftig, sondern extrem unberechenbar und zerstörerisch agieren, müsste eine Superintelligenz dann nicht zu dem Schluss kommen, dass dieser Systemfehler als Ganzes zu beseitigen wäre, um alles andere Lebendige zu retten? Wer allerdings diese Gerätschaften, diese Intelligenz nach dem Abdanken der Menschheit warten würde, bleibt offen.

Dass uns viele technische »Goodies« unentbehrlich scheinen, ist keine willkürliche, sondern eine gemachte Sache. Manches geht nicht mehr ohne den Besitz von mindestens zwei technischen Gerätschaften plus einer guten digitalen Infrastruktur. So sind beispielsweise Bankgeschäfte am Schalter nicht nur unzeitgemäß, sondern auch eine kostenpflichtige Extravaganz geworden. Der Verweis der Finanzdienstleister auf die heilige Effizienz hinkt dennoch: Sie sparen definitiv, aber weniger an energetischen Inventionen, sondern an »human ressources«. Menschen muss man sich leisten wollen. »Prüft euch nur erst, ob ihr gerecht sein könntet – wenn ihr es wolltet!« Nach Nietzsche können wir nicht nur nicht immer, wir wollen meistens gar nicht gerecht sein. Vor allem die, deren Handeln der Marktlogik untersteht und nicht einem ethischen Imperativ. Die Apokalyptiker unserer Zeit fürchten sich nicht mehr vor dem Endgericht. Insofern ist darunter nicht die Auslöschung alles Lebendigen, sondern vorrangig des Menschlichen gemeint. Ist die bevorstehende »Anthropolypse« also als Zeichen einer Entgrenzung zu lesen, die sich im Digitalen überdeutlich zeigt? »Unsere gesamte Energie dient uns nur dazu, uns einer Situation zu beugen, die durch das Fehlen von Grenzen gekennzeichnet ist, durch die Tatsache, dass die Mittel immer gigantischer werden und die Abfolge der Innovationen und Informationen immer schneller wird.«[24] Philosophin Corine Pelluchon hat hier einen Punkt. Aber es sind nicht nur die Grenzen, die fehlen, es fehlt uns auch zunehmend eine Welt, die für lebendige, endliche Wesen gemacht ist.

Um diese Welt zu gewinnen, wäre eine neue Aufklärung nötig. Es versteht sich von selbst, dass wir sie nicht einfach beschwören können. Fehlt uns nicht überhaupt das Bild eines Menschen, mit dem wir diese bevölkern möchten? Wenn wir den »Menschen« anders denken wollen, dann stellt sich die Frage, von woher? Von seiner Sterblichkeit her, wie es Existenzialisten wie Jean-Paul Sartre vorschlugen? Das hieße, dass erst das Todesbewusstsein jenes Lebensbewusstsein realisieren lässt, das den Menschen dadurch aus dem alltäglichen Trott holt. Die Gewissheit des Endes gibt dem Lebendigen seinen Wert und dem Leben Intensität und Bedeutung. Insofern ist jede

Entscheidung radikal. Im Gegensatz zu seinen Maschinen hat der »Mensch« als Konzept nur die Bedeutung, die er sich gibt. Vielleicht sollten wir sie der Einfachheit halber »Metamenschen« nennen. Meta ist aber nicht im Sinne von »über«, sondern im Sinne von »inmitten« zu verstehen: In dieser Welt ist der Mensch inmitten seiner Maschinen, inmitten anderer Organismen, die sich mit ihm die kritische Zone teilen. Diese Faszination für die lebendige Vulnerabilität, also für das, was der langsamen Regeneration unterliegt, macht den Unterschied. Ist nicht genau die Sphäre des Fleisches die einzige, die die Maschine nie ersetzen kann? Egal, wie stark, schnell oder effizient eine Maschine ist: Wir schauen nicht den Maschinen beim Sporteln und beim Tanzen zu, wir staunen nicht über die Leistungen von einem Kran, sondern von einem menschlichen Gewichtheber, mit dem wir uns vergleichen können. In der wichtigsten Sache kann uns die Technik offenbar nie ersetzen, nämlich in der Entscheidung, ob und vor allem wie wir sie anwenden wollen. Das wahrhaft Irritierende beschreibt Donna Haraway in ihrem schon in den achtziger Jahren erschienenen »Manifest für Cyborgs«: »Maschinen des späten 20. Jahrhunderts haben den Unterschied zwischen natürlich und künstlich, Geist und Körper, sich selbst entwickelnd und extern entworfen und viele andere Unterscheidungen, die früher für Organismen und Maschinen galten, gründlich zweideutig gemacht. Unsere Maschinen sind beunruhigend lebhaft und wir selbst erschreckend träge.«[25] Hier wird deutlich, dass die persönliche Modifikation und Teilnahme an der technologischen Evolution nicht freiwillig ist. Was, wenn es die Aufgabe unserer Epoche ist, den »letzten Menschen« der Maschine gegenüber Souveränität zu verleihen, um drohende atomare und technisch induzierte ökologische Katastrophen verhindern zu können? Wenn ja, dann hieße es wohl, dass wir unsere »prometheische Scham« ein für alle Mal überwinden müssten. Wir Metamenschen sind Chimären, wir sind Hybride aus Maschine und Organismus. Kurz gesagt, wir sind längst Cyborgs geworden.

Kapitel 4

HANDELN

> Wenn Sie darüber nachdenken, wie Sie, sagen wir,
> Anwendungen im Internet nutzen, Sie haben Ihre E-Mail
> und Sie haben die sozialen Medien und mit Apps auf Ihrem
> Telefon – die machen Sie effektiv zu einem Übermenschen
> und Sie denken nicht an sie als Anderer, Sie betrachten sie
> als eine Erweiterung Ihrer selbst. In dem Maße, in dem wir
> die KI in diese Richtung lenken können, wollen wir das
> tun. Und wir haben eine Reihe gleichgesinnter Ingenieure
> und Forscher im KI-Bereich gefunden, die ähnlich denken.
>
> *Elon Musk*[1]

So ähnlich wir uns genetisch sind, so fern sind wir uns in manchen Qualitäten: Der Primatenforscher Frans de Waal wies darauf hin, dass die Affen, unsere nächsten Verwandten, zwar kriegsähnliches Verhalten an den Tag legen können, die Bildung militärischer oder kooperierender Superstrukturen aber erst eine artspezifische Besonderheit des Homo sapiens sei. Die nächsten genetischen Verwandten des Menschen leben in sozialen Gemeinschaften, die aber nicht als politisch verstanden werden können. Um das Ungerechte und Gerechte zur Sprache zu bringen, das ursächlich für das Politische ist, dazu fehlen ihnen nicht nur die nötige Reflexionsfähigkeit und das Sprachvermögen, sondern es fehlt ihnen auch die Stimme. Sie ist die materielle Grundlage, die komplexere Kooperation erst möglich macht. Am Anfang war nicht das Wort, müsste man korrigieren, sondern die Stimme. Der Philosoph Jacques Rancière hat unrecht, wenn er meint, die Stimme würde einfach nur »anzeigen«, während der Logos (im Sinne von Sprache) »offen legt«.[2] Der Logos ist im »vokalen Matriarchat«[3] vielmehr eine Folge unserer Stimmbeherrschung und unseres wachsenden Selbstbewusstseins, keineswegs ihr Ursprung.

Die Stimme ist ein Phänomen im phänomenologischen Sinne: Sie ist eine Erscheinung, ein mit den Sinnen wahrnehmbares einzelnes Ereignis, und sie hat eine Uraufführung: die Geburt. Der erste Schrei markiert unseren Eintritt in die soziale Welt, in der wir nun unsere Bedürfnisse und Gefühle bemerkbar machen, unser Wohlsein und unser Unbehagen. Es ist plausibel, dass das Neugeborene »im Austausch gegen die Blutkommunion nicht nur die Atmung, sondern auch einen post-uterinen Gebrauch der Stimme hinzuerobert; durch diese übt es seine Macht, sich seiner Mutter im Bedürfnisfall beharrlich hörbar zu machen.«[4] Vor allem macht sich das Neugeborene aber sich selbst gegenüber hörbar. Die Stimme ist immer schon rückbezüglich. Wir bemerken uns zuerst durch unsere eigenen Geräusche, und indem wir diese bändigen, wird unsere Stimme zum Instrument sozialer Partizipation. Was aber höre ich, wenn ich meine Stimme höre? Zeigt nicht die stimmliche Lautspur die Gegenwärtigkeit meines Leibes an? Verweist sie nicht immer schon auf die anderen Stimmen, auf ein Du, dessen Antwort sie intendiert? Der Unterschied zwischen Du und Es ist laut Martin Buber der zwischen Gegenwart und Gegenstand, zwischen Resonanz und Verstummen. Mein Ich steht zu einem Es in einer anderen Beziehung, schreibt eine andere Geschichte als zu einem Du. Kein Wunder also, dass die »dialogische« Beziehung auch wesentlich am Phänomen der Stimmlichkeit, insbesondere der politischen Stimmlichkeit, wahrnehmbar wird. Und diese stimmliche Beziehung setzt immer schon das sprechende Ich und das hörende Du voraus. »Wer Du spricht, hat kein Etwas, hat nichts. Aber er steht in der Beziehung.«[5]

Wie aber steht es um die Beziehung in einer digitalisierten Welt? Stimmt es, dass digitale Kommunikation aufgrund ihrer Beschaffenheit immer mehr »Du«-Beziehungen auslöscht und diese auf unpersönliche »Es«-Beziehungen reduziert? Auch der elaborierteste Chatbot ist kein »Du«. Das »Du« ist nämlich an einen lebendigen Körper gebunden, der Interessen und Bedürfnisse hat, die erfüllt werden müssen, um ihn am Leben zu halten. Max Scheler, der als Mitbegründer der modernen »Philosophischen Anthropologie« gilt, diagnostizierte im 20. Jahrhundert eine umfassende menschliche Sinnkrise. Erstmals seit seinem Erscheinen ist sich der Mensch restlos problematisch geworden: Er weiß nicht mehr, was er ist; er weiß aber auch, dass er es nicht weiß. Um dieses Rätsel zu lösen, kann uns nun gerade das helfen, was den Menschen in seiner Einzigartigkeit zu bedrohen scheint: die Maschine. Ihre fortschreitende Evolution verändert nicht nur das menschliche Tier, sondern vor allem seine Beziehung zur Welt. »Die gegenwärtigen und ererbten Technologien bestimmen unsere Existenz, unsere Art des Mit-der-Welt-und-mit-den-Anderen-Seins, unser Denken, unsere Selbstwahrnehmung und unsere Interaktionen.«[6]

In Bubers Dialogphilosophie konkretisiert sich das »Du« als Ausgangspunkt der Welterschließung, der seit Descartes beinahe unhinterfragt das »Ich« gewesen war. »Ich denke, also bin ich« als narzisstische Spielerei einer beginnenden Aufklärung, die schließlich in der Betonung der technischen Denkmodelle kumuliert. Aber nicht nur deshalb, wie manche behaupten, weil wir in einer Gesellschaft leben, die den Narzissmus in Form der Selbstsorge nicht nur befördert, ihn sogar verlangt, sondern weil die Technik genau das ist: eine Erweiterung unseres Ichs. Wenn wir uns auf die Maschine als »Es« beziehen, muss uns die Dissonanz, die daraus ganz logisch folgt, nicht weiter wundern. Dennoch lässt sich in der Herrschaft der Algorithmen und Zahlen das hohe Gut der Freiheit des »Ichs« nicht länger behaupten. Wenn wir uns von dem lieb gewonnenen Mythos trennen, dass das Mängelwesen Mensch die Technik nur aus Kompensationsgründen braucht, dann öffnet sich ein neuer Blick auf die Fragestellung »Was ist der Mensch?«. Für den Menschen als lebendige Figur aus Fleisch ist die Technik existenziell, um sein »Ich« zu erweitern. Die Beziehung des Individuums ist also nicht die eines »Ichs« zu einem »Du« oder eines »Ichs« zu einem »Es«, sondern die eines »Ichs« zu seiner Erweiterung. Das ist die narzisstische Magie, die uns in den Bann schlägt. Wir starren verliebt in unsere digitale Spiegelung und sehen darin eine Welt, die unseren Suchergebnissen und Algorithmen entspricht.

Man lasse sich also von aktuellen Entwicklungen nicht täuschen: Das biologisch Menschliche und das technisch Menschliche sind voneinander untrennbar. Die eigentliche Emotionalisierung passiert immer dann, wenn uns die Maschine in Bereichen übertrifft, in denen wir uns für einzigartig halten. Schon jetzt verrichten Maschinen schwere körperliche oder geistig aufwendige Arbeit effizienter und exakter als menschliche und nichtmenschliche Tiere. Warum nicht eine Maschine nutzen, die Krebs im Anfangsstadium besser erkennen kann als selbst der erfahrenste Arzt? Das arbeitende Tier will nicht sehen, dass Aristoteles' Traum in Erfüllung gegangen ist. In einer Gesellschaft, in der Sklaverei selbstverständlich war, träumte der griechische Philosoph von Maschinen, die »humanoide Biomaschinen als muskelbewegte und befehlssensible Erzeuger von gewünschten Effekten«[7], also Menschen, von den notwendigen Tätigkeiten befreien würden. »Unsere Maschinen verrichten feurigen Atems, mit stählernen, unermüdlichen Gliedern, mit wunderbarer, unerschöpflicher Zeugungskraft, gelehrig und von selbst ihre heilige Arbeit; (…) Sie (Anm. die Menschen) begreifen noch nicht, daß die Maschine der Erlöser der Menschheit ist, der Gott, (…) der ihnen Muße und Freiheit bringen wird.«[8] Dass ausgerechnet Paul Lafargue, Schwiegersohn des berüchtigtsten Dogmatikers des Rechts auf Arbeit, nämlich Karl Marx, dieses Zitat gegen denselben ins Feld führte, ist eine Ironie der Geschichte. Vor allem hat Lafargues Proklamation eines »Rechts auf Faulheit« das Verhältnis zwischen den Familienmitgliedern dauerhaft getrübt. Die Furcht davor, keine Arbeit zu haben, schlägt die, einer sinnlosen nachgehen zu müssen. Dabei galt den Griechen ebensolche monotone, beschwerliche Arbeit als das fürchterlichste aller Übel. »Der Mythos des Sisyphos«, jenes schlauen Menschen, der versuchte, den Tod und die Götter auszutricksen, und als Buße auf ewig eine sinnlose Arbeit verrichten musste, bezeugt dies.

Spricht die neue technologische Evolution dem Menschen jetzt endgültig seine Existenzberechtigung ab, weil sie ihm irgendwann all seiner Arbeit berauben könnte? Warum fühlen wir uns von unseren Erfindungen existenziell infrage gestellt? Wenn Maschinen Arbeiten übernehmen, die wir als unangenehm und öde einstufen, ist es dann nicht die große Befreiung, nach der wir uns seit jeher sehnen? Stattdessen scheint die Furcht vor der Untätigkeit, der eigenen Ineffizienz, die Menschen voranzutreiben, und so fürchten sie sich vor den Maschinen als Schöpfung, der sie zutrauen, viel mehr leisten zu können. Nicht nur die billige, ausländische Arbeitskraft bedroht seit Beginn der Industrialisierung die menschliche Lohnarbeit und die tierische Kraft, sondern auch die unmenschliche Konkurrenz: die Maschine. Sie ist es, die das neoliberale »Animal laborans«, das arbeitende Menschentier, in seinem rastlosen Tätigsein übertrifft. Ein rastloses Tätigsein, das im Burn-out oder mit dem Tod endet. Letzterer ist die Grenze allen sterblichen Konsums und die Dystopie jeder Ideologie von grenzenlosem Wachstum.

»Wo aber Gefahr ist, wächst das Rettende auch.« Friedrich Hölderlins Spruch könnte sich in diesem Fall an der zunehmenden Verweigerung, nur tätig zu sein um des Tätigsein willens, bewahrheiten. Diese zunehmende Verweigerung der jüngeren Generationen ist der ultimative Widerstand gegen ein System des endlosen Ver- und Missbrauchens, das zwangsläufig ruhelos und zerstörerisch sein muss. Höchstwahrscheinlich wird die künstliche Intelligenz unser kapitalistisches Selbstverständnis weiter infrage stellen, indem ihre Auswirkungen vielleicht zu einer Revolte gegen sinnlose Arbeit per se oder auch gegen den Wert des Menschen, der sich durch seine Arbeit bemisst, führen. »Wir haben den Zweck der Arbeit aus dem Blick verloren. Diese Konditionierung erklärt die Fülle an Arbeitsplätzen, die nicht mehr unmittelbar mit der Produktion und der Befriedigung realer Bedürfnisse zu tun haben und die im kollektiven Imaginären die Oberhand über die wirklich nützliche Arbeit gewinnen.«[9] Über Jahrzehnte hat die Schreibtischarbeit die blanke körperliche Arbeit, zu der übrigens auch die Pflege gehört, entwertet. Ironischerweise könnte die künstliche Intelligenz eine Umwertung der Arbeitswerte einleiten, vielleicht sogar die Entwertung der Arbeit selbst. Die Diskussionen rund um ein bedingungsloses Grundeinkommen könnten sich letzten Endes sogar selbst überholen, da neben den manuellen Jobs, die bisher von der Maschine bedroht waren, nun auch intellektuelle Arbeitsplätze von künstlicher Intelligenz ersetzt werden könnten. Wie künftig Löhne und Selbstwert generiert werden sollen, ist eine Frage, auf die die Politik eine Antwort finden muss. Böse formuliert: Vielleicht arbeiten nicht nur die Künstler, sondern auch zukünftig alle anderen nur mehr aus Leidenschaft.

Des Menschen Würde weiterhin über seine Arbeit zu garantieren wird also zunehmend ein schwieriges bis aussichtsloses Unterfangen. Was nicht heißt, die Würde müsste gleich ganz verloren gegeben werden. Es heißt lediglich, dass wir uns den Menschen zukünftig nicht mehr nur als Animal laborans, als arbeitendes Tier, werden vorstellen müssen. Nietzsche prognostizierte, dass eine Gesellschaft, die ihre Ruhe verliert, in die Barbarei zurückfällt. Das 20. Jahrhundert lieferte uns den Beweis, wie viel Schlagkraft eine entfesselte Aufklärung entwickeln kann und wie viel Zerstörungspotenzial sie in sich trägt. »Arbeit macht frei!« Der zynische Spruch am Eingangstor zu nationalsozialistischen Konzentrationslagern ist ein Abbild dieser bis an die Absurdität getriebenen Rationalität, freilich noch ohne die digitale Prädestination von heute. Die Sklavenhalter- und Klassengesellschaften von einst könnten in Zukunft lächerlich anmuten, wenn man sie mit der dystopischen vergleicht, die uns der Transhumanismus in Aussicht stellt. Wer wird es sich leisten können, sich und seine Kinder nicht zu modifizieren und ihnen damit womöglich Zukunftschancen zu verbauen? Der Unterschied zwischen einer Minderheit von gentechnisch Verbesserten und der Mehrheit von Naturbelassenen ist ein substanzieller, der demokratische Systeme an die Grenzen ihrer politischen Verhandlungsfähigkeit bringen könnte. Auch der Einsatz von künstlicher Intelligenz spielt posthumanistischen Ideologien in die Hände, die das sterbliche, menschliche Tier lieber heute als morgen zugunsten technologischer Evolution in den Hintergrund rücken möchte.

Aus diesem Grund muss die wichtigste Aufgabe eines neuen – mancherorts nennt man ihn schon digitalen – Humanismus sein, nicht nur das Lebendige vor der Maschine zu schützen, sondern zu erkennen, was das menschliche Tier der Maschine überlegen macht. Die Arbeitsleistung ist es jedenfalls nicht. Viel eher werden wir das Recht auf Arbeit künftig durch ein Gebot zur Faulheit ersetzen müssen, wenn wir der unbarmherzigen Barbarei unseres Konsumkapitalismus oder dem gnadenlosen Wettbewerb mit den Gerätschaften maschinellen Denkens entkommen wollen. Die Erkenntnis ist aus mindestens zwei Gründen wichtig: zum einen, weil sich die Menschheit mittels ihrer maschinellen Erfindungen, wie der Atombombe, selbst vernichten könnte, wie wir seit Mitte des 20. Jahrhunderts schmerzlich wissen. Zum anderen könnte sich die Menschheit auch mittels transhumanistischer Interventionen selbst unterminieren. Wenn Heidegger darauf hinweist, dass sich das Denken über das Denken im Abendland als Logik entfaltet hat[10], dann möchte er nicht die Wissenschaft und die Technik verdammen, sondern lediglich ihre uneingeschränkte Interpretationshoheit der Wirklichkeit infrage stellen. Das europäische Projekt der Aufklärung ist in eine technische Rationalität und eine technologische Zivilisation ausgeartet, »in der die zur Berechnung verkommene Vernunft sich sowohl von der Natur als auch von der Wahrheit abgekoppelt hat, um sich in den Dienst des Machtwillens zu stellen«.[11] Das eigentlich Politische, das Ungerechte und das Gerechte zu adressieren, lässt sich aber weder berechnen noch simulieren. Es trifft den lebendigen Einzelnen, deshalb kann es im technokratischen Denken weder Bedeutung noch Platz haben.

Die Folgen der digitalen Revolution kratzen nicht nur am Interface, an der Schnittfläche unseres Selbst und des jeweiligen Geräts. Die grassierende Digitalisierung verändert nicht nur unser Verhältnis zu Zeit und Raum, sie verändert auch unser Verständnis vom menschlichen Lebewesen als wesentlich sozialem. In der virtuellen Welt verschwimmen nicht die Grenzen zwischen Privatem und Öffentlichem, vielmehr überwuchert das Private plötzlich den gesamten Raum. »Falls die Menschen zu der Überzeugung gelangen, die virtuellen Blasen repräsentierten die Gesellschaft oder das Volk, wird die politische Gemeinschaft zerstört sein. Wenn sie sich zu dieser oder jener Politik äußern sollen, wird es ihnen nicht gelingen, anders als in Freund-Feind-Kategorien zu denken.«[12] Wobei dieses »Wir« ebenso wenig real ist wie das feindliche »Ihr«, das simuliert wird. Eine Party von Robotern mit künstlicher Intelligenz ergibt keinen Sinn, ebenso wenig wie Politik mit künstlichen Intelligenzen. Auch das gemeinsame Meinungsfest wird online nur vorgetäuscht. Ein Fest ist an eine Gemeinschaft sinnlicher Wesen gerichtet. Maschinen sind im wahrsten Sinne des Wortes unmündig. Sie können sich nicht für ihr Handeln verantworten, weil sie die Fähigkeit zur Täterschaft ebenso wenig besitzen wie guten Geschmack: Maschinen sind ihrem Wesen nach apolitisch, weil sie weder Ungerechtigkeit erfahren können noch der Gerechtigkeit bedürfen. Im Gegensatz dazu bleibt der Mensch gestimmt auf das, wovon sein Wesen be-stimmt wird. »In der Be-Stimmung ist der Mensch durch eine Stimme betroffen und angerufen.«[13] Durch die Stimme des anderen, der ihn meint und auf den er sich als »Wir« beziehen kann. Das ist es wohl, was Karl Jaspers meint, wenn er das Zum-miteinander-reden-Bringen der Menschheit gleichsetzt mit dem Sie-auf-den-Weg-zur-Freiheit-zu-Bringen.

Stimmfähig zu sein ist also eine notwendige, aber keine hinreichende Bedingung für politische Stimmlichkeit. Man muss seine Stimme auch einzusetzen wissen. Die Besessenheit des Humanismus von der Stimm- und Sprechbildung entspringt dieser Grundannahme. Wo der bloße Einsatz der Stimme als Geräusch zur Melodie wird, die »tierische Stimme« zur »schönen Stimme« wird, da beginnt für Jacques Rancière erst ein »politisches Intervall«. Der Übergang ist fließend: Die Maßnahmen, die für Kunst sensibilisieren, können das auch gleichzeitig für Politik. »Jeder, der unterrichtet, weiß, dass es für die Interaktion im Klassenraum einen gewaltigen Unterschied macht, ob die Tische hufeisenförmig oder im Omnibussystem angeordnet sind – oder ob überhaupt keine Tische vorhanden sind.«[14] Insofern hat Dostojewski recht, wenn er meint, dass Schönheit die Welt retten wird. Die ästhetische Kraft bietet eine Inokulation gegen das Unerhörte, gegen die Missklänge des Miteinanders. Oder mit »einem« Wort Friedrich Schillers: »es gibt keinen andern Weg, den sinnlichen Menschen vernünftig zu machen, als daß man denselben zuvor ästhetisch macht.«[15] Ästhetische Maßnahmen sind ausschlaggebend, ob und welche Beziehungen wir entwickeln können.

Auch Nancy S. Love schreibt in »Musical Democracy«, dass es »kein Zufall ist, dass Musik nicht nur in der politischen Inszenierung, sondern auch für das zivilgesellschaftlich-demokratische und partizipative Leben eine wichtige Rolle spielt, die etwa in (National-)Hymnen, Arbeiterliedern, aber auch in Protestsongs und überhaupt in den ästhetischen Äußerungen der Subkulturen zum Ausdruck kommt«.[16] Sie plädiert dafür, die »abgegebene Stimme« gleichsam als Musik beziehungsweise Gesang, also ästhetisch zu verstehen, die auch Rückschlüsse auf die Resonanzsensibilität einer Demokratie zulässt. Nicht nur, dass man sich mittels ihrer selbst enthüllen kann, man kann seine Stimme abgeben, aber auch sein Stimmrecht verlieren. »Das Risiko, als ein jemand im Miteinander in Erscheinung zu treten, kann nur auf sich nehmen, wer bereit ist, in diesem Miteinander auch künftig zu existieren, und das heißt, bereit ist, im Miteinander unter seinesgleichen sich zu bewegen, Aufschluss zu geben darüber, wer er ist, und auf die ursprüngliche Fremdheit dessen, der durch Geburt als Neuankömmling in die Welt gekommen ist, zu verzichten.«[17] Das Bewusstsein der »Ich-Du-Beziehung« und das aktive Eintreten für die eigene Stimme verdecken den eigentlichen »Skandal« der Demokratie, dass jede Stimme im Prozess der Entscheidung über öffentliche Angelegenheiten gleich viel zählt. Gerade aufgrund dieser Gleichheit beginnt der Streit um das Gehörtwerden. »Die politische Tätigkeit ist jene, die einen Körper von dem Ort entfernt, der ihm zugeordnet war, oder die Bestimmung eines Ortes ändert; sie lässt sehen, was keinen Ort hatte gesehen zu werden, lässt eine Rede hören, die nur als Lärm gehört wurde.«[18] Die Resonanz der Weltbeziehung »Ich« und »Du« ist mit ästhetischen Maßnahmen verstärk- oder reduzierbar. Dasselbe gilt übrigens auch für die verschriftlichte Stimme, die sich in Publikationen, in den sozialen Medien und in offiziellen politischen Texten zeigt. Die Diskussionen, die wir rund um die verschriftlichte Stimme, rund um ChatGPT führen, erinnern an einen Streit, der bereits in der Antike tobte.

Schon Sokrates lamentiert in Platons Dialog »Phaidros« über den Wertverlust der Kommunikation, also den Wertverlust des Auditiven gegenüber dem Visuellen, der durch die Schriftlichkeit aufgekommen ist. Das Schreiben sei nur ein mangelhaftes Abbild der stimmbetonten Rede. Der geschriebene Text scheine zu sprechen, aber in Wirklichkeit »schweige«

er, denn er könne weder Verständnisfragen beantworten noch sich gegen unberechtigte Kritik zur Wehr setzen. Auf die individuellen Bedürfnisse des Lesers könne der Text nicht wie ein Gesprächspartner eingehen.[19] Die Bedeutung käme schließlich mit der stimmlichen Lieferung gleichsam als Melodie. »Die Schrift ist ein Körper, der nur dann ausdrückt, wenn man den wörtlichen Ausdruck, der ihn beseelt, aktuell ausspricht, wenn sein Raum verdeutlicht wird. Das Wort ist ein Körper, der nur dann etwas bedeutet, wenn eine aktuelle Intention ihn beseelt und ihn aus dem Stand träger Lautlichkeit (Körper) in den Zustand des beseelten Leibes übergehen lässt.«[20] Dass die Stimmkunst allmählich vom Bereich des Politischen in den Bereich des rein Künstlerischen (Theater, Gesang, Performance etc.) abgeschoben wurde, lässt sich durch die steigende Aufwertung des verschriftlichten Wortes und den Wunsch nach politischer und »körperlicher« Entgrenzung nachvollziehen, welchen die global-ökonomischen und die technologischen Entwicklungen entfacht haben. Die immer kontingente körperliche Dialogizität steht dem entgrenzten depersonalen Datentransfer entgegen. »Das Internet manifestiert sich heute nicht als ein Raum des gemeinsamen, kommunikativen Handelns. Es zerfällt vielmehr zu Ausstellungsräumen des Ichs, in denen man vor allem für sich selbst wirbt.«[21]

Dass uns nun ausgerechnet technokratische Entwicklungen zu unserer äußersten Verletzlichkeit führen, nämlich sowohl physiologisch, da uns das zunehmende ökologische Ungleichgewicht gefährdet, als auch psychisch, in der narzisstischen Bedrohung, die von der simulierten Intellektualität der Maschine ausgeht, ergibt sich logisch aus ihrer Beschaffenheit. Die Gewalt und die Verdinglichung sind aber nicht nur auf den vulnerablen menschlichen Körper beschränkt, sondern zeigen auch unsere Beziehung zu allem anderen Lebendigen, das sich unserem kontrollierenden Blick entzieht und das sich nicht so einfach mittels technischer Eingriffe beherrschen lässt. »Denn die Verachtung der Körperlichkeit und Materialität unseres Daseins geht immer Hand in Hand mit der Ablehnung unserer gemeinsamen Verletzlichkeit und der Obsession, ihrer Herr zu werden. Das führt nicht nur zu einem technischen Projekt, das die Umgestaltung des Menschen anstrebt, damit er die Grenzen seines irdischen und fleischlichen Daseins überwindet, sondern auch zur gesellschaftlichen und politischen Herrschaft.«[22]

Insofern ist der transhumanistische Traum von der Verbesserung des Menschen nur eine Fortführung des angeblichen Mythos vom Mängelwesen Mensch, das nicht mehr auf die Erlösung durch Gott, sondern auf die Erlösung eines »Deus ex machina« hofft. Manche gehen sogar so weit, jegliche klimapolitische Aktion zu unterlassen, im bloßen Vertrauen auf eine technologische Gottheit, die mittels eines genialen Streichs die befürchtete Anthropolypse löst. Wie einst die Hörigen gegenüber ihrem mittelalterlichen Gutsherrn gehört jeder User – in Datenpartikel zerlegt – den Techkonzernen. Unsere Hörigkeit ist wesentlich umfassender als die unserer Ahnen. Wir nutzen ihr digitales Territorium freiwillig und geben dafür mehr Daten von uns preis, als uns überhaupt bewusst ist. Wir werden unserer Technik hörig. Was als ein Mittel zur Ich-Erweiterung intendiert war, wächst sich zu einem Pandämonium aus, das in keinem Verhältnis zu den Versprechungen der Ich-Erweiterung steht, die man erreichen wollte. So verfestigt sich die Unmündigkeit des Metamenschen gegenüber der Übermacht seiner Daten. Im Gegenzug erscheint ihm eine Stimme: Sie ist immer da, um sofort Antwort zu geben.

»Mein Gott, mein Gott! Warum hast Du mich verlassen?«[23] Während Jesus die Stunden vor der Hinrichtung im Zweifel erlebt und seine Frage nach der Anwesenheit und Hilfe Gottes selbst gekreuzigt unbeantwortet bleibt. Weder Moses, Jesus noch Muhammad konnten sich sicher sein, dass ihnen Gott antworten würde; Chatbots antworten jedes Mal. Die Gefahr der Wahnvorstellung ist beim religiösen und technologischen Prophetismus gleichermaßen gegeben, nämlich, wenn wir der Simulation sowohl Subjektivität als auch Heilsbringerschaft zuschreiben. Es gibt ebenso wenig Willen zum Austausch wie bei einem imaginierten persönlichen Gottesbild. Welche Apokalyptik der digitale Kolonialismus bereithält, bleibt abzuwarten. Jedenfalls müssen die digitalen Supermächte weniger den menschlichen Widerstand als die Grenzen der technischen Machbarkeit und den enormen Energiebedarf fürchten. Kein Zweifel besteht für Günther Anders, dass der imaginäre Westen bisher über alle Zivilisationen wie eine Apokalypse hereingebrochen ist und deren Ende einläutete, indem er sich für den berufenen Heilsbringer hielt.

Jürgen Manemann verweist dennoch auf das eschatologische Potenzial biblischer Apokalyptik, die in prophetischer Tradition steht. »Prophetische Apokalyptiker(innen) versuchen alles zu tun, damit die Vorhersage nicht eintritt. Sie möchten die menschengemachte Apokalypse verhindern.«[24] Die apokalyptischen Rufe von Verschwörungstheoretikern sind hier ebenso wenig gemeint wie die ressentimentgeladene Untergangsfreude der »Zu-Kurzgekommenen«, wie Nietzsche sie beschreibt. Die Apokalypse konfrontiert uns in aller Radikalität mit der zeitlichen Befristung. Es gibt einen für begrenzte Zeit gewährten Aufschub. Nach dem Ablauf dieser Zeitspanne muss etwas geschehen sein. Der Prophet hat also eine klar politische Funktion: Er muss das Ungerechte adressieren und zu einer Umkehr mobilisieren.

Der Prophet ist die Inkarnation des politisch Stimmlichen. Er wird von der Stimme, die er hört, »ermächtigt«. Er ist auserwählt, sie zu hören, um ihr Echo weiterzutragen. Insofern kann der Prophet kein Eremit sein, er ist per se politisch, weil er weitersprechen »muss«. Logischerweise braucht er aber auch die anderen, um das Gehörte zu bestätigen und zu memorieren. »Davon ausgehend läßt sich der Prophetismus – neben der unbegrenzten ethischen Forderung – in konkreten Formen interpretieren, und zwar dort, wo er zu Text und zu Büchern verarbeitet wurde.«[25] Die Geschichte des Propheten Muhammad und seiner ersten Gläubigen, Khadijah, ist hier aufschlussreich. Er bittet sie festzustellen, ob er die Stimme Gottes oder die des Teufels gehört hat. Am Beispiel des Prophetismus wird deutlich, dass die Stimme nicht nur ein Mittel der Selbst-, sondern auch der Fremd- und Welterfassung ist. »Die Zerbrechlichkeit der Einrichtungen und Gesetze, mit denen wir immer wieder versuchen, den Bereich der menschlichen Angelegenheiten halbwegs zu stabilisieren, hat mit der Gebrechlichkeit oder Sündhaftigkeit der menschlichen Natur nichts zu tun; sie ist einzig dem geschuldet, daß immer neue Menschen in diesen Bereich fluten und in ihm ihren Neuanfang durch Tat und Wort zur Geltung bringen müssen.«[26] Mit ihrem Anfang, also ihrer Geburt, erweitern diese neuen Menschen die Stimmlage des Politischen und repetieren das Fundament aller ethischen Überlegungen: »Was du auch tust, denke an dein Ende, dann wirst du nie etwas Böses tun.«[27] Nur Unsterbliche bedürfen keiner Gerechtigkeit.

Auf der Bühne findet sich aber nicht nur der Prophet. In politischen Phänomenen wie zum Beispiel Populismus, Fundamentalismus, Totalitarismus spielen der Prophet, der Intellektuelle, der Revolutionär und der Diktator eine Rolle. Auffallend dabei ist, dass alle identifizierten Typen nicht nur mit »ihrer eigenen« Stimme sprechen, sondern dass »durch sie« ihre Stimme für etwas spricht und etwas auf bestimmte Art anspricht. Dieses etwas wird als »Wir« angesprochen, das das »Ich« des Sprechers bereits inkludiert, ein »Wir« im Sinne von »das Volk«. Das »Sich-Bekennen« zu einer »Schicksalsgemeinschaft« und die ursprüngliche Bedeutung des Wortes »Volk« als »Kriegsschar« haben neben der politischen auch eine unverkennbar religiöse Konnotation. »Dieses Gehör hängt nicht nur mit dem Ohr zusammen, sondern zugleich mit der Zugehörigkeit des Menschen zu dem, worauf sein Wesen gestimmt ist. Dieses ›Wir‹, politisch gemeinhin als ›das Volk‹ verstanden, bezieht sich auf die Zugehörigkeit des ›Ich‹, zu einem ›Volk‹. Dem Ruf folgen heißt also zum Ich werden, zu einem bestimmten Ich.«[28] Politik nach Carl Schmitt funktioniert dann, wenn das »Du« systematisch zum »Ihr«, zum anderen, gemacht wird, und das »Ich« zum »Wir« findet. Dieses angerufene »Wir« schafft zwar Inklusion, aber nur, indem es Exklusion betreibt. Erst dort, wo die Grenze zwischen Freund und Feind unmissverständlich gezogen wird, gibt es eine politische »Wir«-Gemeinschaft. Ohne die gemeinschaftsstiftende Funktion des Feindes ist diese undenkbar. Die Identität des »Wir« braucht einen Feind, etwas, mit dem sie in einer negativen Beziehung steht, das sie gleichzeitig ausschließen muss. Buber sieht in der im Menschen angelegten Dialogizität die Möglichkeit zur (inhomogenen, politischen) Gemeinschaft, allerdings einer, die niemanden ausschließt. Was Carl Schmitt für unmöglich hält, unterstreicht Martin Buber. Das »ewige Du«, auf das sich der Prophet bezieht, ist für ihn nicht Gegenstand des religiösen Glaubens, sondern ganz sachlich der

Wirklichkeitsgrund aller Beziehung. Vielmehr ist das »ewige Du« als notwendiger Fluchtpunkt zu denken, als Kulmination menschlicher Relationalität. Diese repräsentiert der Prophet in aller Schärfe. »Dieser Ruf ist nicht nur ein wörtlicher Ruf, sondern ein gesamtes institutionelles Arrangement, eine gesamt praktisch-ideologische Anordnung – ein Ganzes von Institutionen, Symbolen, Praxen, Ritualen, Zeremonien, Formen, Traditionen, durch die hindurch der Ruf sich bahnt, artikuliert, zirkuliert, bis er das Subjekt trifft. Ein ganzes Universum, das man als Ideologie bezeichnen kann.«[29] Man könnte meinen, es fehlt uns heute nicht nur eine Utopie, auf die wir uns beziehen können, sondern auch der Prophet, eine Figur, die jenseits von Krisen und Katastrophen überflüssig ist.

Auch der Philosophie ist die Figur des Propheten nicht fremd. In Nietzsches »Zarathustra« bewegt er sich nach zehnjähriger Einsamkeit wieder hinab aus seiner gebirgigen Eremitage zu den Menschen, um sie den »Sinn der Erde« zu lehren: den »Übermenschen«, den Zarathustra allerorts verkündet. In seiner Apokalypse skizziert Nietzsche den »letzten Menschen«, der »am längsten lebt«. Sein Prophet Zarathustra kündet weder vom Messias noch vom Endgericht oder Weltenende, sondern von der Wesensgestalt künftigen Menschseins. Diese Botschaft ist zweifellos anfällig für Missinterpretationen. Die von Zarathustra prophezeite Notwendigkeit eines Übergangs und damit die Gefahr, »daß der bisherige Mensch sich immer hartnäckiger auf die bloße Ober- und Vorderfläche seines bisherigen Wesens einrichtet und das Flache seiner Flächen als den einzigen Raum seines Aufenthaltes auf der Erde gelten lässt«[30], wurde exemplarisch von der nationalsozialistischen Ideologie für ihre rassistischen Lehren missbraucht. Gemeint hatte Nietzsche ganz anderes. Seine »letzten« Menschen leben am längsten, und Zarathustra ist nicht die geeignete Stimme für diese Ohren. Es reicht längst nicht aus, nur eine Stimme zu haben, man muss diese auch beherrschen. Ihre Wirkmächtigkeit rührt daher, dass die Stimmlichkeit im Gegensatz zur Schriftlichkeit auf die unmittelbare körperliche Präsenz des Selbst angewiesen ist. Diese Gegenwärtigkeit ist die Voraussetzung, um mit Stimme zu sprechen, sie ermöglicht aber auch, eine Brücke zwischen Denken und Handeln zu schlagen, in Beziehung zu treten. »Handelnd und sprechend offenbaren die Menschen jeweils, wer sie sind, zeigen aktiv die personale Einzigartigkeit ihres Wesens, treten gleichsam auf die Bühne der Welt, auf der sie vorher so nicht sichtbar waren, solange nämlich, ohne ihr eigenes Zutun nur die einmalige Gestalt ihres Körpers und der nicht weniger einmalige Klang der Stimme in Erscheinung traten.«[31] Die Stimme wirkt auf besondere Weise auf uns, ihr können wir uns – physiologisch gesehen – nicht verschließen. Die Ohren müssen hören, die Augen können wir zumachen.

Bereits der Besitz der Stimme als Teil der Conditio humana gibt dem Menschen die Möglichkeit, sich politisch anzuzeigen. Das daraus abgeleitete demokratische Stimmrecht »impliziert in jedem Fall die zwiespältige Zumutung an die Individuen, in ihrem politischen Ausdruck alle übrigen Saiten am Klangkörper ihres Daseins verstimmen zu lassen. (…) Den Nachdenklicheren unter den Politikern kam in dieser Verlegenheit traditionell der klassische Intellektuelle zu Hilfe, der in seiner Eigenschaft als Sprecher kollektiver Widerspruchs- und Lebenserfahrungen eine existentiell dichte Sprache kreierte.«[32] Der säkulare Intellektuelle beerbt die Position des religiösen Propheten, wird also zu einem »modernen Propheten«, dem die Aufgabe zukommt, den Stimmlosen Stimme zu verleihen und die beherrschende Stimmung wiederzugeben. Viele, unter anderem Jean-Paul Sartre und Frantz Fanon, aber auch bekannte Intellektuelle der jüngeren Generation wie Cornel West, fühlten sich dazu berufen. Letzterer skizziert einen »prophetischen Pragmatismus«, der sich explizit in der Sichtbarmachung von Leid zeigt. »Ein Intellektueller zu sein heißt, in der Tat, die Wahrheit zu sprechen, welche Leiden zum Sprechen bringt.«³³ Das leidende »Du« ansprechen zu können wird dabei zu einem Akt der Selbsterforschung der eigenen Verletzlichkeit. Was aber, wenn sich keiner mehr angesprochen fühlt, wenn keiner zuhört? Es fällt leicht, die oft diagnostizierte Stimmlosigkeit westlicher Demokratien mit dem Verlust an Stimmlichkeit in Verbindung zu bringen. Doch gibt es zu wenig Stimmen oder viel eher keinen Rufer mehr, der alle zu meinen scheint?

Obgleich der Begriff der Diversität in aller Munde ist, spitzen sich scheinbar paradoxerweise die Extreme zu. So macht es den Eindruck, dass es gerade die demokratische Politik im Angesicht der medialen Polarisierung nicht mehr schafft, eine gesellschaftliche Utopie zu zeichnen, die die Allgemeinheit aufruft. Sosehr sich das Besondere als das Grundlegende des Politischen manifestiert, so sehr verschwindet dahinter das Allgemeine, das, was wir im Angesicht unserer verletzlichen Körperlichkeit teilen, hinter idiotischen, mehr noch hinter unserem narzisstischen Pochen auf Zurschaustellung unserer angeblichen Besonderheit. Eine Besonderheit, die über lange Zeit den Menschen überschätzt, aber das Menschsein nicht ernst genug genommen hat. Diese Fehleinschätzung ist fatal. Sie entsteht nicht durch den unaufhebbaren Zwiespalt zwischen der Welt und dem »Ich«, den der Existenzialismus betont, sondern in der Auseinandersetzung derer, die den Sinn ihrer Verletzlichkeit verstehen, und denen, die vernunftwidrig dagegen aufbegehren. »Das Absurde entsteht aus dieser Gegenüberstellung des Menschen, der fragt, und der Welt, die vernunftwidrig schweigt.«[34]

Der blinde Fleck des Existenzialismus ist diese Anthropozentriertheit. Die herannahende Anthropolypse ist nicht nur klimatischer und technologischer, sondern auch intellektueller Natur. Dazu ist Günther Anders' Haltung eine Alternative zum überlieferten Prophetismus, quasi die Transformation der Figur des Propheten zu einer kollektiven apokalyptischen Lebensform. »Apokalyptiker sind wir ausschließlich, um *unrecht* zu bekommen. Ausschließlich, um an jedem Tag neu die Chance zu genießen, als die *Blamierten* dazustehen.«[35] Die Grundverfasstheit der »letzten« Menschen ist absurd, dissonant, unstimmig aufgrund ihrer von technischer Rationalität beherrschten Lebensart, nicht aufgrund ihrer Conditio humana. Dieser zu entkommen stehen folgende Möglichkeiten zur Wahl: die Flucht in den Nihilismus, das Verharren in der Beliebigkeit oder die aktive »Sorge« um das flüchtige Lebendige.

EPILOG

> Der Mensch weiß von Urzeiten her, daß er sich selbst der würdigste Gegenstand ist, aber er scheut sich auch, gerade diesen Gegenstand als Ganzes, also seinem Sein und Sinn nach zu behandeln. Er nimmt zuweilen Anlauf dazu, aber bald überwältigt und erschöpft ihn die Problematik dieser Beschäftigung mit seinem eigenen Wesen, und er zieht sich mit einer verschwiegenen Resignation zurück – sei es, um alle anderen Dinge zwischen Himmel und Erde mit Ausnahme des Menschen zu bedenken …[1]
>
> *Martin Buber,* »Das Problem des Menschen«

Doch wie kann man der Sorge um das Lebendige zum Durchbruch verhelfen? Lässt sich eine Welt vorstellen, die nicht von der menschlichen Perspektive her gedacht ist. Diese Frage ist nicht nur eine ethische oder ökologische, wie man annehmen würde, sondern vielmehr eine der Erkenntnis- und Wissenschaftstheorie. Sie zeigt eine ernstzunehmende Grenze auf, zwischen dem Wunsch, die Welt unabhängig vom Menschen zu denken, und der Möglichkeit. Der Begriff und die Entkoppelung der Naturwissenschaften von allen anderen zeigen das Missverständnis deutlich auf. Was ist es also, was wir wissen können? Diese Frage stellt schon Kant und versucht einem logischen wie erkenntnistheoretischen Fehlschluss vorzubeugen, dem viele anheimfallen. Sie reduzieren den Menschen auf ein Stück der Natur, über die sie objektive Erkenntnisse erlangen wollen. Im Gegensatz zu anderen populäreren Disziplinen kann die Anthropologie nicht davon absehen, dass der Forschende, der Beobachtende und Beschreibende selbst der unmittelbare Gegenstand der Forschung ist. Die Distanzierung ist aufgrund dessen schlicht unmöglich. Was ist das für ein Lebewesen, das wissen kann, tun soll und hoffen darf? »Der philosophische Anthropologe aber muß nicht weniger als seine leibhafte Ganzheit, sein konkretes Selbst einsetzen. (…) Mit anderen Worten: er muß den Akt des Hineingehens in jene einzigartige Dimension als *Lebensakt* vollziehen, ohne vorbereitete Sicherung, er muss sich also alledem aussetzen, was einem widerfahren kann, wenn man wirklich lebt.«[2] Die Welt, die Buber hier beschreibt, ist das Gegenprojekt zu Aldous Huxleys Welt. Dessen »Schöne neue Welt« ist die, in der dem Lebendigen in keiner Form mehr Gerechtigkeit widerfährt. Man hat sein Lüstchen für den Tag und sein Lüstchen für die Nacht, wie Nietzsche so treffend formulierte, und hofft auf einen schnellen, schmerzfreien Tod. Wobei das So-lange-wie-möglich-am-Leben-bleiben-Wollen mehr an eine Manie denn an echte Lebensbejahung erinnert. Das Leidige, das Negative des Lebendigseins wird nicht nur pathologisiert, sondern stört die Lust, der gegenüber wir keine Zugeständnisse machen wollen. Alles, einschließlich unserer mannigfaltig technischen Prothesen, soll helfen, das unangenehme Monotone und Banale der menschlichen Existenz abzuschieben und uns mithilfe rasant wachsender technischer und digitaler Fortschritte von der Wirklichkeit zu beurlauben. Ob es Tiere sind, andere Menschen, ob Maschinen – wer es sich irgendwie leisten kann, lagert die mühseligen Anstrengungen aus. Für das nach Optimierung strebende Individuum ist Lust nur noch ohne Schmerz denkbar.

Was diesem »letzten Menschen« fehlt, ist die Art von radikaler Selbstbegegnung, die sich durch jegliche Schmerzerfahrung einstellt. »Ich zweifle, ob ein solcher Schmerz ›verbessert‹, schreibt Nietzsche, »aber ich weiß, daß er uns *vertieft (…):* man kommt aus solchen langen, gefährlichen Übungen der Herrschaft über sich als ein andrer Mensch heraus, mit einigen Fragezeichen *mehr* – vor allem mit dem Willen, fürderhin mehr, tiefer, strenger, härter, böser, stiller zu fragen, als je bisher auf Erden gefragt worden ist … Das Vertrauen zum Leben ist dahin, das Leben selber wurde ein *Problem.*«[3] Aus diesem absurden Dogma der Suprematie des Geistes über das Fleisch lässt sich auch erklären, dass unsere Verletzlichkeit sowohl als Schwäche als auch als Mangel gedeutet wurde. Stattdessen macht sie uns als lebendige Wesen nicht nur des Trostes, sondern auch der Fürsorge bedürftig. Heidegger bringt hier zwei Varianten ins Spiel, die sich zum Verwechseln ähnlich sind. Zum einen die »einspringende« Fürsorge, welche dem Anderen die Sorge abnimmt, diesen aber gleichzeitig in die Abhängigkeit des Sorgenden führt. Zum anderen erklärt er die »vorspringende« Fürsorge als eine, die für den Anderen »vorspringt«, und ihm damit hilft, für seine eigene Sorge frei zu werden. Letztere wird er später durch eine Sorge für das Sein ersetzen, dessen Wächterschaft der Mensch angesichts der technischen Beherrschung alles Seienden übernehmen muss.

Der von Nietzsche intensiv diskutierte Nihilismus zeigt sich ab dem 20. Jahrhundert vermehrt in einer Entwertung alles Lebendigen. Die Nichtigkeit des Seienden spiegelt sich im Vernichtungspotenzial der Atombombe als apokalyptische Vorsehung. Die Existenzialisten greifen diesen Aspekt ebenso wie die Existenzphilosophie auf. Die Einhaltung eines Imperativs wird unumgänglich. Der kantische ist es nur formal. »Handle so, dass die Wirkungen deiner Handlung verträglich sind mit der Permanenz echten menschlichen Lebens auf Erden.« Mit diesem Satz steht die »einspringende Fürsorge« oder fällt das Prinzip Verantwortung. Er zeigt, dass die »soziale Frage« längst nicht mehr ausreicht, um das Phänomen unserer Verfasstheit zu begreifen. Wohl im Anklang an das »Kommunistische Manifest« schreibt Latour in seinem »Terrestrischen Manifest« von der neuen »geo-sozialen Frage« des 21. Jahrhunderts.[4] Deren Klassenkämpfe ließen sich nicht mehr sozial, sondern nur mehr geo-sozial verstehen. Längst sind es nicht mehr nur die zwei Klassen einer Gesellschaft, die miteinander kämpften. Vielmehr kämpft der globale Norden mit dem globalen Süden, die Ressourcenbesitzer mit den Tech-Eliten, die Staaten mit den Konzernen und die Demokratien mit den Autokratien um die Aufrechterhaltung eines Fortschritts, der sich im Angesicht einer prophezeiten Anthropolypse ad absurdum führt.

Nicht nur Lebendiges, sondern vor allem auch Nichtlebendiges, unsere Maschinen, unsere Rechner beispielsweise, brauchen immer mehr Energie und somit Ressourcen, um überhaupt zu funktionieren: Erdöl, Erdgas, Kohle, Bohrungen, Minenarbeiter, Konzerne, Diplomatie, Geopolitik. Das heißt nicht, dass sich die »soziale Frage« erledigt hat, vielmehr hat sie sich ins Geologische erweitert. Die sozialdemokratischen Institutionen und Apparate könnten auch aufgrund dieses blinden Flecks schwanken. Wenig überraschend stehen sich die passiven »letzten Menschen« und die höchst aktive »letzte Generation« gegenüber, die die Beibehaltung des Status quo äußerst unterschiedlich verstehen. Die einen als Chance auf einen weiteren menschheitsgeschichtlichen Fortschritt, die anderen als Perpetuierung eines narzisstischen Imperativs, der zu Handlungen aufruft, die zerstörerisch auf die Möglichkeit künftigen Lebens wirken. Die Größe eines »Fortschritts« bemisst sich nach Nietzsche eben auch nach der Masse dessen, was ihm alles geopfert werden musste. Diese Opfer verlangt uns auch die Digitalisierung ab. So versank mit der Entdeckung des Sich-Empörens per Klick die Masse an Zwischentönen demokratischer Streitkultur in den Untiefen einer Technologie, die zumindest den »digital natives« von Kindesbeinen an vertraut schien, aber die es ihnen dennoch unmöglich machte, den eigenen Standpunkt vertreten zu können, ohne dem Anderen einen konträren zu verzeihen.

Dennoch kann die Digitalisierung bei Weitem nicht alles Analoge in digitale Signale umwandeln. Gerade das exponentielle Wachstum von künstlicher Intelligenz und ihre apokalyptischen Reiter Fake News und Deepfakes könnten paradoxerweise dazu führen, dass zukünftig ausschließlich die leibliche Präsenz als Zeugnis gelten könnte. Man glaubt nur mehr dem, den man von Angesicht zu Angesicht sieht, dessen unmittelbare Ansprache man mit eigenen Ohren hört und dessen Taten man als lebendiges Wesen an sich erfährt. Ganz, wie man es noch ritualisiert vor Gericht, bei der Beichte oder vor dem Herrn am letzten Tage verinnerlicht hat. »Die Bezeugung ist grundlegend eine *Selbst*bezeugung. Dieses Vertrauen seinerseits wird ein Vertrauen in die Kraft des Sagens, in die Kraft des Tuns, in die Kraft, sich als Handlungsträger einer Erzählung zu bekennen, schließlich in die Kraft, auf eine Beschuldigung mit dem Akkusativ zu antworten: ›Hier, sieh mich (Me voici!)‹«[5] Insofern gibt es nur ein wirklich ernstes philosophisches Problem: den Menschen. Das Verletzlichste an uns ist das Menschliche, nicht unser Fleisch. Dass wir anders sind als bloßes Fleisch, als irgendeine zoologisch erfasste Tierart, anders als Rechenmaschinen und Werkzeuge, ist einer genuin politischen Aufforderung geschuldet. »Ecce homo!« Der Mensch erscheint nur im Vokativ.

DANKSAGUNG

Ein Buch braucht neben vielen banalen Dingen vor allem den Glauben einiger, dass es gelingen kann, obwohl es eben *noch* nicht ist. Es ist also zuallererst eine kleine Utopie. Ich verdanke die Umsetzung dieser, meiner Utopie im besonderen Ausmaß meinen Lektorinnen Bettina Wörgötter und Astrid Saller. Ihnen danke ich für ihre Nachsicht und die hervorragende Zusammenarbeit, Nikolai Friedrich für die ständige Bereitschaft zum Widerspruch, Jürgen Manemann für die Ermutigung zu mehr Stimmlichkeit und Anton Grabner-Haider für das stetige Mahnen, Nietzsche niemals wörtlich zu nehmen. Für den bedingungslosen Beistand sei weiters meiner Familie gedankt, insbesondere Theo für die Geduld mit mir.

Einige, die sich nicht in gern in Danksagungen stehen sehen, müssen sich an dieser Stelle dennoch bedacht fühlen. Sie wissen, wer sie sind.

ANMERKUNGEN

PROLOG

1 Vgl. Peter Singer: Praktische Ethik. Stuttgart 1993.
2 Aristoteles, Politik 1256b.
3 Hans Werner Ingensiep, Heike Baranzke: Das Tier. Stuttgart 2008, S. 15.
4 Vgl. Jacques Derrida: Das Tier, das ich also bin. Wien 2010, S. 70.
5 Chimaira Arbeitskreis: Tiere Bilder Ökonomien. Fährtensuche und Streifzüge. In: Chimaira – Arbeitskreis für Human-Animal Studies (Hrsg.): Tiere Bilder Ökonomien. Aktuelle Forschungsfragen der Human-Animal Studies. Bielefeld 2013, S. 10.
6 Vgl. 1. Mose 1:28.
7 Giorgio Agamben: Das Offene. Der Mensch und das Tier. Frankfurt/Main 2003, S. 26.
8 Ebd.

ESSEN

1 Marvin Harris: Kannibalen und Könige. Die Wachstumsgrenzen der Hochkulturen. Stuttgart 1990, S. 151.
2 https://www.strafrecht-bundesweit.de/strafrecht-blog/strafrechtliche-einordnung-des-kannibalen-mords/, abgerufen am 20.01.2023.
3 Marvin Harris: Wohlgeschmack und Widerwillen. Die Rätsel der Nahrungstabus. Stuttgart ^{4}2005, S. 241.
4 Ebd., S. 247.
5 Mohammed Bamyeh: Tod und Herrschaft. Existentielle Grundlagen des Regierens. Wien 2020, S. 34.
6 Marvin Harris: Wohlgeschmack und Widerwillen. Die Rätsel der Nahrungstabus. Stuttgart ^{4}2005, S. 219.
7 Ebd., S. 256.

8 Marvin Harris: Kannibalen und Könige. Die Wachstumsgrenzen der Hochkulturen. Stuttgart 1990, S. 137.
9 Friedrich Nietzsche: Der Fall Wagner, https://www.projekt-gutenberg.org/nietzsch/fallwagn/fallwagn.html, abgerufen am 22.01.2023.
10 Friedrich Nietzsche: Der Wanderer und sein Schatten, https://www.projekt-gutenberg.org/nietzsch/wanderer/wande002.html, abgerufen am 22.01.2023.
11 Ebd.
12 Martin Heidegger: Sein und Zeit. Tübingen [18]2001, S. 235 ff.
13 Harald Lemke: Ästhetik des guten Geschmacks. Vorstudien zu einer Gastrosophie. In: R. Behrens, K. Kresse, R. Peplow (Hrsg.): Symbolisches Flanieren. Kulturphilosophische Streifzüge. Hannover 2001, S. 274.
14 Friedrich Nietzsche: Die Philosophie im tragischen Zeitalter der Griechen. In: KSA I, 816.
15 Vgl. Harald Lemke: Ästhetik des guten Geschmacks. Vorstudien zu einer Gastrosophie. In: R. Behrens, K. Kresse, R. Peplow (Hrsg.): Symbolisches Flanieren. Kulturphilosophische Streifzüge. Hannover 2001, S. 11.
16 http://cognitionandculture.net/wp-content/uploads/MeatIsGoodToTaboo.pdf, abgerufen am 02.02.2023.
17 Ebd.
18 Ebd.
19 Achille Mbembe: Kritik der schwarzen Vernunft. Berlin [4]2020, S. 257 ff.
20 Marvin Harris: Kannibalen und Könige. Die Wachstumsgrenzen der Hochkulturen. Stuttgart 1990, S. 12.
21 Achille Mbembe: Kritik der schwarzen Vernunft. Berlin [4]2020, S. 250.
22 Hans-Werner Prahl, Monika Setzwein: Soziologie der Ernährung. Wiesbaden 1999, S. 97
23 Volker Demuth: Fleisch. Versuch einer Carneologie. Berlin 2016, S. 79.
24 Georg Seeßlen, Fernand Jung: Horror. Geschichte und Mythologie des Horrorfilms. Marburg 2006.

STERBEN

1 Michel Henry: Inkarnation. Eine Philosophie des Fleisches. Freiburg/München [3]2011, S. 152.
2 Bruno Latour: Kampf um Gaia. Acht Vorträge über das neue Klimaregime. Berlin 2020, S. 30 ff.

3 Ebd., S. 71.
4 Ebd., S. 72.
5 Michel Foucault: Der Wille zum Wissen. Sexualität und Wahrheit 1. Frankfurt/Main 1983, S. 134.
6 Friedrich Nietzsche: Die Geburt der Tragödie aus dem Geiste der Musik, https://www.deutschestextarchiv.de/book/view/nietzsche_tragoedie_1872?p=24, abgerufen am 03.12.2022.
7 Michel Foucault: Der Wille zum Wissen. Sexualität und Wahrheit 1. Frankfurt/Main 1983, S. 134.
8 Byung-Chul Han: Vita contemplativa oder von der Untätigkeit. Berlin 2022, S. 65.
9 Wolfgang Leidhold: Politische Philosophie. Würzburg 2003, S. 196.
10 Michel Foucault: Der Wille zum Wissen. Sexualität und Wahrheit 1. Frankfurt/Main 1983, S. 138.
11 Wolfgang Leidhold: Politische Philosophie. Würzburg 2003, S. 198.
12 Michel Foucault: Der Wille zum Wissen. Sexualität und Wahrheit 1. Frankfurt/Main 1983, S. 135.
13 André Lauber: Biopolitik als Strategie gesellschaftlicher Disziplinierung? Verbote oder Verantwortung. Zur Verrechtlichung des Alltags in der Null-Risiko-Gesellschaft. München 2018, S. 4 f.
14 Mohammed Bamyeh: Tod und Herrschaft. Existentielle Grundlagen des Regierens. Wien 2020, S. 273.
15 Wolfgang Leidhold: Politische Philosophie. Würzburg 2003, S. 149.
16 Ebd., S. 48.
17 Byung-Chul Han: Vita contemplativa oder von der Untätigkeit. Berlin 2022, S. 51.
18 Jan Assmann: Der Tod als Thema der Kulturtheorie. Frankfurt/Main 2000, S. 56.
19 Jean-Luc Nancy: Corpus. Zürich/Berlin 2014, S. 16.
20 Jan Assmann: Der Tod als Thema der Kulturtheorie. Frankfurt/Main 2000, S. 16.
21 Bruno Latour: Kampf um Gaia. Acht Vorträge über das neue Klimaregime. Berlin 2020, S. 185.
22 Ebd., S. 54.
23 Bruno Latour: Das terrestrische Manifest. Berlin ^{4}2020, S. 107.
24 Martin Heidegger: Vorträge und Aufsätze. Pfullingen 1954, S. 94.
25 Byung-Chul Han: Vita contemplativa oder von der Untätigkeit. Berlin 2022, S. 49.

26 Hille Haker: Vom Umgang mit der Verletzlichkeit des Menschen. In: Bobbert, Monika (Hrsg.): Parteilichkeit und Ethik (Ethik in der Klinikseelsorge, 4). Münster/Berlin 2015.
27 Jean-Luc Nancy: Corpus. Zürich/Berlin 2014, S. 91.
28 Isolde Charim: Die Qualen des Narzissmus. Über freiwillige Unterwerfung. Wien 2022, S. 139.
29 Jean-Luc Nancy: Corpus. Zürich/Berlin 2014, S. 13.
30 Georg Seeßlen: Die »zweite Welle« Corona & Kultur. Eine Ästhetik der Krise – Eine Krise der Ästhetik. Wien 2021, S. 76 ff.
31 Jean-Luc Nancy: Corpus. Zürich/Berlin 2014, S. 53.
32 Georg Seeßlen: Die »zweite Welle« Corona & Kultur. Eine Ästhetik der Krise – Eine Krise der Ästhetik. Wien 2021, S. 78.
33 Ebd., S. 80.
34 Achille Mbembe: Kritik der schwarzen Vernunft. Berlin ^{4}2020, S. 79.
35 Ebd., S. 54.
36 Ebd.
37 Jan Assmann: Der Tod als Thema der Kulturtheorie. Frankfurt/Main 2000. S. 13 ff.
38 https://www.furche.at/religion/juergen-manemann-weg-mit-dem-selbstmitleid-4194555, abgerufen am 03.12.2022.
39 Michel Foucault: Die Geständnisse des Fleisches. Sexualität und Wahrheit 4. Berlin ^{2}2019, S. 535.
40 Vgl. Axel Michaels: Die Kunst des einfachen Lebens. Eine Kulturgeschichte der Askese. München 2004, S. 47.
41 Augustinus: Bekenntnisse. Frankfurt/Main 1957, S. 149.
42 Axel Michaels: Die Kunst des einfachen Lebens. Eine Kulturgeschichte der Askese. München 2004, S. 121.

WERDEN

1 Michael Foucault: Utopian Body, https://de.scribd.com/document/254447910/The-Utopian-Body-Foucault, abgerufen am 03.02.2023.
2 Jean-Luc Nancy: Corpus. Zürich/Berlin 2014, S. 62.
3 Ebd., S. 63.
4 Johann Gottfried Herder: Sprache und die Natur des Menschen. Würzburg 1993, S. 20.
5 Friedrich Nietzsche: Der Antichrist, KSA 6. München 1980, S. 180.

6 Friedrich Nietzsche: Also sprach Zarathustra, https://www.projekt-gutenberg.org/nietzsch/zara/als2004.html, abgerufen am 04.02.2023.
7 Michel Henry: Inkarnation. Eine Philosophie des Fleisches. Freiburg/München ³2011, S. 15.
8 Vgl. die weiteren Ausführungen von Donna J. Haraway: Staying with the Trouble. Making Kin in the Chtchulucene. New York 2016.
9 Martin Heidegger: Was heißt Denken? Stuttgart 1992, S. 39.
10 Bruno Latour: Das terrestrische Manifest. Berlin ⁴2020, S. 18.
11 https://www.profil.at/wissenschaft/gentechnik-wie-leben-die-ersten-crispr-kinder/401836072, abgerufen am 26.02.2023.
12 Donna Haraway: Stay in touch, http://stay-in-touch.org/donna-haraways-staying-with-the-trouble-revisited-part-i/, abgerufen am 02.02.2023.
13 Michel Henry: Inkarnation. Eine Philosophie des Fleisches. Freiburg/München ³2011, S. 36.
14 https://www.wienerzeitung.at/dossiers/digitaler-humanismus/2074979-Kuenstliche-Intelligenz-alles-nur-ein-Hype.html, abgerufen am 27.02.2023.
15 Martin Heidegger: Was heißt Denken? Stuttgart 1992, S. 28.
16 Michel Henry: Inkarnation. Eine Philosophie des Fleisches. Freiburg/München ³2011, S. 13.
17 Kimerer L. LaMothe: Nietzsche's dancers: Isadora Duncan, Martha Graham, and the Revaluation of Christian Values. New York 2006, S. Xii (Preface).
18 http://hiddenarchitecture.net/dolphin-embassy/, abgerufen am 27.02.2023.
19 https://www.au.dk/fukuyama/boger/essay, abgerufen am 03.02.2023.
20 Ebd.
21 Hannah Arendt: Vita activa oder Vom tätigen Leben. München ³2005, S. 17 f.
22 Michel Henry: Inkarnation. Eine Philosophie des Fleisches. Freiburg/München ³2011, S. 327.
23 Marshall McLuhan: Die mechanische Braut. Volkskultur des industriellen Menschen. In: Lukas Etter, Thomas Nehrlich, Joanna Nowotny (Hrsg.): Reader Superhelden. Theorie – Geschichte – Medien. Bielefeld 2018, S. 266.
24 Corine Pelluchon: Das Zeitalter des Lebendigen. Eine neue Philosophie der Aufklärung. Darmstadt 2021, S. 221.
25 Vgl. Donna J. Haraway: A cyborg manifesto. In: Manifestly Haraway: Volume 37 (Posthumanities, 37), Combined Academic Publ. 2016.

HANDELN

1 https://medium.com/backchannel/how-elon-musk-and-y-combinator-plan-to-stop-computers-from-taking-over-17e0e27dd02a, abgerufen am 14.03.2023.
2 Jacques Rancière: Das Unvernehmen. Politik und Philosophie. Frankfurt/Main [6]2016, S. 14 f.
3 Peter Sloterdijk: Sphären. Mikrosphärologie, Band I, Blasen. Frankfurt/Main 1998, S. 519.
4 Ebd., S. 399.
5 Maurice Merleau-Ponty: Die Prosa der Welt. München 1993, S. 5.
6 Corine Pelluchon: Das Zeitalter des Lebendigen. Eine neue Philosophie der Aufklärung. Darmstadt 2021, S. 206.
7 Peter Sloterdijk: Die Reue des Prometheus. Von der Gabe des Feuers zur globalen Brandstiftung. Frankfurt/Main 2023, S. 15.
8 Paul Lafargue: Das Recht auf Faulheit, https://www.reclam.de/data/media/978-3-15-019487-4.pdf, abgerufen am 22.04.2023.
9 Corine Pelluchon: Das Zeitalter des Lebendigen. Eine neue Philosophie der Aufklärung. Darmstadt 2021, S. 155 ff.
10 Vgl. Martin Heidegger: Was heißt Denken? Stuttgart 1992.
11 Corine Pelluchon: Das Zeitalter des Lebendigen. Eine neue Philosophie der Aufklärung. Darmstadt 2021, S. 253.
12 Ebd., S. 241.
13 Martin Heidegger: Der Satz vom Grund. Pfullingen 1967, S. 91.
14 Vgl. Hartmut Rosa: Resonanz. Eine Soziologie der Weltbeziehung. Berlin 2016, S. 641.
15 Friedrich Schiller: Über die ästhetische Erziehung des Menschen. Stuttgart 2000, 23. Brief.
16 Nancy S. Love: Musical Democracy. New York 2007, S. 1–16.
17 Hannah Arendt: Vita activa oder Vom tätigen Leben. München [10]2011, S. 220.
18 Jacques Rancière: Das Unvernehmen. Politik und Philosophie. Frankfurt/Main [6]2016, S. 41.
19 Ernst Heitsch: Platon: Phaidros. Übersetzung und Kommentar. Göttingen [2]1997, S. 188–191.
20 Jacques Derrida: Die Stimme und das Phänomen. Frankfurt/Main 2003, S. 110 f.

21 Byung-Chul Han: Die Austreibung der Anderen. Gesellschaft, Wahrnehmung und Kommunikation heute. Frankfurt/Main 2016, S. 99.
22 Corine Pelluchon: Das Zeitalter des Lebendigen. Eine neue Philosophie der Aufklärung. Darmstadt 2021, S. 229.
23 Psalm 22.
24 https://www.furche.at/religion/juergen-manemann-weg-mit-dem-selbstmitleid-4194555, abgerufen am 03.12.2022.
25 Emmanuel Lévinas: Ethik und Unendliches. Gespräche mit Philippe Nemo. Wien 1986, S. 88.
26 Hannah Arendt: Vita activa oder Vom tätigen Leben, München ^{10}2011, S. 238.
27 Jesus Sirach 7,36.
28 Isolde Charim: Die Qualen des Narzissmus. Über freiwillige Unterwerfung. Wien 2022, S. 17.
29 Ebd., S. 16.
30 Martin Heidegger: Was heißt Denken? Stuttgart 1992, S. 37.
31 Hannah Arendt: Vita activa oder Vom tätigen Leben. München ^{10}2011, S. 219.
32 Peter Sloterdijk: Eurotaoismus. Zur Kritik der politischen Kinetik. Frankfurt/Main 1989, S. 229.
33 Cornel West: Chekov, Coltrane and Democracy. In: Cornel West: The Cornel West Reader. Basic Civitas, New York / Great Britain 1999, S. 551.
34 Albert Camus: Der Mythos von Sisyphos. Ein Versuch über das Absurde. Hamburg 1959, S. 35.
35 Günther Anders: Endzeit und Zeitenende. Gedanken über die atomare Situation. München 1972, S. 179.

EPILOG

1 Martin Buber: Das Problem des Menschen. Heidelberg 1961, S. 9.
2 Ebd., S. 20.
3 http://www.zeno.org/Philosophie/M/Nietzsche,+Friedrich/Nietzsche+contra+Wagner/Epilog, abgerufen am 03.05.2023.
4 Bruno Latour: Das terrestrische Manifest. Berlin ^{4}2020, S. 76.
5 Paul Ricoeur: Das Selbst als ein anderer. Paderborn 1996, S. 34.

LITERATURVERZEICHNIS

Theodor W. Adorno; Max Horkheimer: *Dialektik der Aufklärung.* Philosophische Fragmente. Berlin, Fischer 1998.
Giorgio Agamben: *Das Offene.* Der Mensch und das Tier. Frankfurt/Main, Suhrkamp 2003.
Giorgio Agamben: *Homo sacer.* Die Souveränität der Macht und das nackte Leben. Frankfurt/Main, Suhrkamp 2002.
Günther Anders: *Die Antiquiertheit des Menschen,* Band 1 – Über unsere Seele im Zeitalter der zweiten industriellen Revolution. München, C. H. Beck 2002.
Günther Anders: *Endzeit und Zeitenende.* Gedanken über die atomare Situation. München, C. H. Beck 1972.
Hannah Arendt: *Vita activa oder Vom tätigen Leben.* München, Piper ³2005.
Aristoteles: *Nikomachische Ethik.* Reinbek, Rowohlt ⁷2018.
Jan Assmann: *Der Tod als Thema der Kulturtheorie.* Frankfurt/Main, Suhrkamp 2000.
Augustinus: *Bekenntnisse.* Frankfurt/Main, Fischer 1957.
Elisabeth Badinter: *Maria Theresia.* Die Macht der Frau. Wien, Zsolnay 2017.
Elisabeth Badinter: *Der Konflikt.* Die Frau und die Mutter. München, C. H. Beck 2010.
Elisabeth Badinter: *XY – Die Identität des Mannes.* München/Zürich, Piper 1993.
Mohammed Bamyeh: *Tod und Herrschaft.* Existentielle Grundlagen des Regierens. Wien, Turia+Kant 2020.
Simone de Beauvoir: *Soll man de Sade verbrennen?* Drei Essays zur Moral des Existenzialismus. Reinbek, Rowohlt ⁶2007.
Simone de Beauvoir: *Das andere Geschlecht.* Sitte und Sexus der Frau. Reinbek, Rowohlt 1992.
Henri Bergson: *Denken und schöpferisches Werden.* Frankfurt, Syndikat/EVA Taschenbuch 1985.

Martin Buber: *Ich und Du.* Stuttgart, Reclam 1995.
Martin Buber: *Das Problem des Menschen.* Heidelberg, Lambert Schneider 1961.
Albert Camus: *Der Mythos von Sisyphos.* Ein Versuch über das Absurde. Hamburg, Rowohlt 1959.
Isolde Charim: *Die Qualen des Narzissmus.* Über freiwillige Unterwerfung. Wien, Zsolnay 2022.
Chimaira Arbeitskreis: *Tiere Bilder Ökonomien.* Fährtensuche und Streifzüge. In: Chimaira – Arbeitskreis für Human-Animal Studies (Hrsg.): Tiere Bilder Ökonomien. Aktuelle Forschungsfragen der Human-Animal Studies. Bielefeld, transcript 2013.
Volker Demuth: *Fleisch.* Versuch einer Carneologie. Berlin, Matthes & Seitz 2016.
Jacques Derrida: *Das Tier, das ich also bin.* Wien, Passagen 2010.
Souleymane Bachir Diagne: *Philosophieren im Islam.* Wien, Passagen 2021.
Lukas Etter; Thomas Nehrlich; Joanna Nowotny (Hrsg.): *Reader Superhelden.* Theorie – Geschichte – Medien. Bielefeld, transcript 2018.
Frantz Fanon: *Die Verdammten dieser Erde.* Vorwort von Jean-Paul Sartre. Frankfurt/Main, Suhrkamp 2021.
Michel Foucault: *Die Geständnisse des Fleisches.* Sexualität und Wahrheit 4. Berlin, Suhrkamp ²2019.
Michel Foucault: *Die Hauptwerke.* Frankfurt/Main, Suhrkamp ³2013.
Michel Foucault: *Analytik der Macht.* Frankfurt/Main, Suhrkamp 2005.
Michel Foucault: *Überwachen und Strafen.* Die Geburt des Gefängnisses. Frankfurt/Main, Suhrkamp 1994.
Michel Foucault: *Der Wille zum Wissen.* Sexualität und Wahrheit 1. Frankfurt/Main, Suhrkamp 1983.
Hille Haker: *Vom Umgang mit der Verletzlichkeit des Menschen.* In: Bobbert, Monika (Hrsg.): Zwischen Parteilichkeit und Gerechtigkeit (Schnittstellen von Klinikseelsorge und Medizinethik, 3). Berlin, LIT-Verlag 2015.
Byung-Chul Han: *Vita contemplativa oder von der Untätigkeit.* Berlin, Ullstein 2022.
Byung-Chul Han: *Die Austreibung der Anderen.* Gesellschaft, Wahrnehmung und Kommunikation heute. Frankfurt/Main, S. Fischer 2016.
Byung-Chul Han: *Psychopolitik.* Neoliberalismus und die neuen Machttechniken. Frankfurt/Main, S. Fischer ⁴2014.
Donna J. Haraway: *Manifestly Haraway.* The Cyborg Manifesto. The Companion Species Manifesto. Companions in Conversation. University

of Minnesota Press 2016.
Donna J. Haraway: *Staying with the Trouble: Making Kin in the Chthulucene.* Durham, NC, Duke University Press 2016.
Marvin Harris: *Wohlgeschmack und Widerwillen.* Die Rätsel der Nahrungstabus. Stuttgart, Klett-Cotta [4]2005.
Marvin Harris: *Menschen.* Wie wir wurden, was wir sind. Stuttgart, Klett-Cotta 1996.
Marvin Harris: *Kannibalen und Könige.* Die Wachstumsgrenzen der Hochkulturen. Stuttgart, Klett-Cotta 1990.
Martin Heidegger: *Sein und Zeit.* Tübingen, Max Niemeyer [18]2001.
Martin Heidegger: *Was heißt Denken?* Stuttgart, Reclam 1992.
Martin Heidegger: *Der Satz vom Grund.* Pfullingen, Neske 1967.
Martin Heidegger: *Vorträge und Aufsätze.* Pfullingen, Neske 1954.
Michel Henry: *Inkarnation.* Eine Philosophie des Fleisches. Freiburg/München, Alber [3]2011.
Johann Gottfried Herder: *Sprache und die Natur des Menschen* (Epistemata – Würzburger wissenschaftliche Schriften. Reihe Literaturwissenschaft) 1993.
Hans Werner Ingensiep; Heike Baranzke: *Das Tier.* Stuttgart, Reclam 2008.
Angela Kallhoff: *Integrität als Konzept der Naturethik.* Eine Diskussion am Beispiel pflanzlichen Lebens. In: Zeitschrift für Praktische Philosophie, Band 7, Heft 2/2020. S. 171–190.
Angela Kallhoff: *Prinzipien der Pflanzenethik.* Die Bewertung pflanzlichen Lebens in Biologie und Philosophie. Frankfurt / New York, Campus Forschung 2002.
Nicole C. Karafyllis: *Bios und Zoe.* In: Kirchhoff, Thomas (Redaktion): Naturphilosophische Grundbegriffe, www.naturphilosophie.org, 2012.
Kimerer L. Lamothe: *Nietzsche's Dancers: Isadora Duncan, Martha Graham, and the Revaluation of Christian Values.* London, Palgrave 2011.
Bruno Latour: *Kampf um Gaia.* Acht Vorträge über das neue Klimaregime. Berlin, Suhrkamp 2020.
Bruno Latour: *Das terrestrische Manifest.* Berlin, Suhrkamp [4]2020.
André Lauber: *Biopolitik als Strategie gesellschaftlicher Disziplinierung?* Verbote oder Verantwortung. Zur Verrechtlichung des Alltags in der Null-Risiko-Gesellschaft. München, Springer 2018.
Wolfgang Leidhold: *Politische Philosophie.* Würzburg, Königshausen & Neumann 2003.
Jacques Le Goff, Nicolas Truong: *Une histoire du corps au Moyen Âge.* Paris, Éditions Liana Levi 2003.

Harald Lemke: *Ästhetik des guten Geschmacks.* Vorstudien zu einer Gastrosophie. In: R. Behrens, K. Kresse, R. Peplow (Hrsg.): Symbolisches Flanieren. Kulturphilosophische Streifzüge. Hannover, Wehrhahn-Verlag 2001, S. 268–284.

Harald Lemke: *Die schwierige Lebenskunst.* Foucault, Schiller und Marcuse über den ästhetische Begriff der Freiheit. In: Michel Foucault. In Konstellationen, Harald Lemke und Jan van Eyck, Akademie 1995.

Emmanuel Lévinas: *Ethik und Unendliches.* Gespräche mit Philippe Nemo. Wien, Passagen 1986.

Burkhard Liebsch: *Sensibilität der Gegenwart.* Wahrnehmung, Ethik und politische Sensibilisierung im Kontext westlicher Gewaltgeschichte. In: Zeitschrift für Ästhetik und Allgemeine Kunstwissenschaft (ZÄK), Sonderheft 17. Hamburg 2018.

Konrad Paul Liessmann: *Alles Lust will Ewigkeit.* Mitternächtliche Versuchungen. Wien, Zsolnay 2021.

Konrad Paul Liessmann (Hrsg.): Philosophicum Lech: *Neue Menschen!* Bilden, optimieren, perfektionieren. Wien, Zsolnay 2016.

Nancy S. Love: *Musical Democracy.* New York, State University of New York Press 2007.

Achille Mbembe: *Kritik der schwarzen Vernunft.* Berlin, Suhrkamp ^{4}2020.

Maurice Merleau-Ponty: *Die Prosa der Welt.* München, Fink 1993.

Maurice Merleau-Ponty: *Phänomenologie der Wahrnehmung*, Berlin, De Gruyter 1966.

Axel Michaels: *Die Kunst des einfachen Lebens.* Eine Kulturgeschichte der Askese. München, C. H. Beck 2004.

Jean-Luc Nancy: *Corpus.* Zürich/Berlin, diaphanes 2014.

Friedrich Nietzsche: *Sämtliche Werke.* Kritische Studienausgabe (KSA), hrsg. von Giorgio Colli und Mazzino Montinari, München 1980, und: Friedrich Nietzsche: *Sämtliche Briefe.* Kritische Studienausgabe (KSB), hrsg. von Giorgio Colli und Mazzino Montinari, München 1986.

Corine Pelluchon: *Das Zeitalter des Lebendigen.* Eine neue Philosophie der Aufklärung. Darmstadt, Wissenschaftliche Buchgesellschaft 2021.

Teresa Platz: *Anthropologie des Körpers.* Vom Körper als Objekt zum Leib als Subjekt von Kultur. Berliner Beiträge zur Ethnologie, Band 10. Berlin, Weißensee Verlag 2006.

Paul Ricoeur: *Das Selbst als ein anderer.* Paderborn, Brill/Fink 1996.

Jean-Paul Sartre: *Das Sein und das Nichts.* Versuch einer phänomenologischen Ontologie. Reinbek, Rowohlt 1991.

Friedrich Schiller: *Über die ästhetische Erziehung des Menschen*. Stuttgart, Reclam 2000.

Georg Seeßlen: *Die »zweite Welle« Corona & Kultur*. Eine Ästhetik der Krise – Eine Krise der Ästhetik. Wien, Bahoe 2021.

Peter Singer: *Praktische Ethik*. Stuttgart, Reclam ^{2}1994.

Peter Sloterdijk: *Die Reue des Prometheus*. Von der Gabe des Feuers zur globalen Brandstiftung. Frankfurt/Main, Suhrkamp 2023.

Peter Sloterdijk: *Du musst dein Leben ändern*. Über Anthropotechnik. Frankfurt/Main, Suhrkamp ^{4}2012.

Peter Sloterdijk: *Sphären*. Mikrosphärologie, Band I, Blasen. Frankfurt/Main, Suhrkamp 1998.

Peter Sloterdijk: *Eurotaoismus*. Zur Kritik der politischen Kinetik. Frankfurt/Main, Suhrkamp 1989.

Udo Tietz: *Die Grenzen des Wir*. Der Andere, der Fremde. In: der blaue reiter. Journal für Philosophie, Ausgabe 39. Hannover, Verlag für Philosophie 2016.

Hans Vorländer: *Demokratie*. Geschichte – Formen – Theorien. München, C. H. Beck ^{2}2010.

Bernhard Waldenfels: *Das leibliche Selbst*. Vorlesungen zur Phänomenologie des Leibes. Frankfurt/Main, Suhrkamp 2000.

Cornel West: Chekhov, *Coltrane and Democracy*. In: The Cornel West Reader. Basic Civitas, New York / Great Britain 1999.

LINKS

Friedrich Nietzsche: »Die Geburt der Tragödie aus dem Geiste der Musik«, https://www.deutschestextarchiv.de/book/view/nietzsche_tragoedie_1872?p=24, abgerufen am 03.12.2022.

Michael Foucault: »Utopian Body«, https://de.scribd.com/document/254447910/The-Utopian-Body-Foucault, abgerufen am 03.02.2023.

Francis Fukuyama: »Transhumanism – the world's most dangerous idea«, https://www.au.dk/fukuyama/boger/essay, abgerufen am 03.02.2023.

Donna Haraway: »Stay in touch«, http://stay-in-touch.org/donna-haraways-staying-with-the-trouble-revisited-part-i/abgerufen am 02.02.2023

Elon Musk: https://medium.com/backchannel/how-elon-musk-and-y-combinator-plan-to-stop-computers-from-taking-over-17e0e27dd02a, abgerufen am 14.03.2023.

»Meat is good as taboo«: http://cognitionandculture.net/wp-content/uploads/MeatIsGoodToTaboo.pdf, abgerufen am 02.02.2023.

»Algorithmen sind wie Drogen!« Der KI-Forscher Stuart Russell im ORF-Interview: https://science.orf.at/stories/3216369 /, abgerufen am 16.12.2022.

»Die Techno-Utopie vom ewigen Leben«: https://science.orf.at/stories/3217381 /, abgerufen am 03.02.2023.

»Dolphin Embassy«: http://hiddenarchitecture.net/dolphin-embassy/, abgerufen am 27.02.2023.

»Künstliche Intelligenz – alles nur ein Hype?«: https://www.wienerzeitung.at/dossiers/digitaler-humanismus/2074979-Kuenstliche-Intelligenz-alles-nur-ein-Hype.html, abgerufen am 26.02.2023.

»CRISPR-Kinder«: https://www.profil.at/wissenschaft/gentechnik-wie-leben-die-ersten-crispr-kinder/401836072, abgerufen am 26.02.2023.